經典哲學名著導讀
010

彌爾與《自由論》

強納森・萊利　著
周春塘　譯

星星之火／代譯序

約翰・彌爾（一八〇六至一八七三年）的《自由論》在中國可說一點也不陌生。嚴復早在庚子之亂（一九〇〇）前便已完成了他的中譯本。但由於戰亂的緣故，要到光緒二十九年（一九〇三）才正式出版，那時距離彌爾去世已經三十年。

《自由論》於一八五九年在倫敦出版時，曾引起社會上不小的騷動。當時的英國，古典自由主義正在消失，面臨的是道德和宗教的衰敗，彌爾的新自由主義對保守派和衛道人士來說，無異是雪上加霜，甚至有人擔心會因此醞釀了革命的種子，因此它所得到的評語，顯然是貶多於褒，毀多於譽，連彌爾自己也感嘆說，它的問世「對今天而言，看來不會派上什麼用場了」（《自傳》，頁二五九）。

事實上，彌爾的《自由論》開宗明義便道出了它極爲實際的主題，那便是：社會的自由應當如何合法地使用在個人身上。在《自傳》中他也說，《自由論》是「一冊簡單的哲學眞理教科書，……其重要性對今天的社會而言，在（提倡）廣大而多元的人格模式，和人性中一種完美無缺的自由，讓人能在衆多甚至矛盾的方向中找到出路」（同上）。但奇怪的是，人們不認同他這個極爲實際的主題，和它簡潔單純的哲學眞理。相反的，反而抱怨他給自由下錯了定義，他的定義太負面，他的自由不符合功利主義的思想，再不然，他向基督教宣布了難於容忍的挑戰。這些譴責的聲浪此起彼落，到今天還沒有平息，把《自由論》這本書變成了哲學界一椿懸而未決的公案，且言詞的激越，遠勝往昔。例如歷史學家韓伯格（Joseph Hamburger）便認爲他誤導了自由，且藉自由之名，有計畫地想對民衆加以控制，以爭取他們激進黨在政治上的利益。考琳（Maurice Cowling）附和這種意見，並且變本加厲，指責他是一個「道德集權的思想家，一心要殲滅基督教的文化，而以他粗獷、內容龐雜的『人道宗教』取而代之」，給彌爾描繪了一個完全異樣的面貌。另外一位史學家辛美法柏（Gertrude Himmelfarb）則取笑他「軟弱無能，自相矛盾，可以被人隨意推拉而改變方向」。她在這裡暗示的，當然便是彌爾的妻子哈麗葉：她一生不隨凡俗的行爲，和她前夫還在世時便與彌爾交往的事實，都曾引來無數的非議。

不過，面對這些南轅北轍的評論，彌爾本人也難辭其咎。他自己明言他的自由原則是爲保障純粹自主而不傷害他人的行爲，但有關對人對己之間的畫分卻沒有明確的界線，至於什麼是他所說的「傷害」，也從來沒有得到合理的解釋。再者，《自由論》既然是「一冊簡單的哲學眞理教科書」，當涉及自由學說的應用時，他卻改變了態度，提出一系列繁瑣的法律和社會問題，脫離了哲學的範疇。這些形式和邏輯上的瑕疵，便是爲什麼有些學者，例如哈特（H. L. A. Hart）、格雷（John Gray）、費恩保（James Feinberg）決心要改造他的《自由論》。而有些學者，例如上面所說的韓伯格、考琳和辛美法柏，則乾脆把它大膽地拋棄了。如果《自由論》的閱讀讓專業的人士也感到困惑，一般人就更不用說了。無怪乎一八八〇年一位英國學者麥肯濟（J. T. Mackenjie）曾公平地說，彌爾書中「平白的語言」好像「幾乎沒有一個人」看得懂。

但值得我們同情的，是彌爾在撰寫《自由論》的期間，他和妻子哈麗葉的婚事正遭受到社會各方面的攻擊。有人相信他多少有點想利用這部書的立場來維護他和妻子的自由和清白。凡是讀過彌爾《自傳》的人都知道，彌爾有一個異常寂寞而封閉的童年，他的教育全盤掌握在父親的手中。他的學問非常淵博，但人事的經驗卻出奇缺乏。當遭受外界攻伐時，他很有可能束手無策，不能用平常心看待。他對哈麗葉過分的讚揚，把《自由論》大部分的成就歸功於她，雖然可能也是事實，但對彌爾而言，恐怕不無一點提高哈麗葉地位的用意。本書的作者萊利教授便持有這種看法。事實上，強調個人獨立自主的性格和人格模式的多元性，正是《自由論》一書最大的貢獻，不論彌爾有沒有哈麗葉的問題，像下面這樣的話，無論放在什麼時代和社會，都有永恆的價值：

> 假如（有這樣一個人）從來不做騷擾他人之事，他的一切行為只牽涉到自己的好惡和判斷，根據思想自由的道理，這人應當被容許付出自己的代價而完成自己的理想，只要他不傷害任何其他的人。……人類並不完美，如果不同的意見可以彌補我們的缺失，那麼不同的生活經驗應當也有這個好處；因此我們必須接受多元的個性，只要它具有不傷害他人的條件。
>
> （《自由論》III，pp.260-1）

不過像這樣從個人行爲出發來豐富人類生命的自由觀念，在十九世紀的英國已夠先進，移植到中國來會有怎樣的結果呢？從嚴復翻譯《群己權界論》的書名上，我們便感覺到彌爾「平白的語言」好像眞的被誤會了。《自由論》中「社會的自由應當如何合法地使用在個人身上」

的主題，被嚴復改寫成「今此篇所論，釋群理自由也」，他解釋說，「群理之自由（Social Liberty），與節制（limits of the power）」。這卻不是彌爾的意思了。

嚴復可能有他的苦衷。他譯此書早在義和團事件之前，當時社會的混亂和國民素質的落後，不容許他有太多的寄望。在他的時代中，中國需要的是政治的改革、軍事的強盛和思想的解放，（他去英國上的是皇家海軍學院，學習的是海上戰術和炮臺建築，都是富國強兵之道，不是哲學的思考），他能把「自由」的觀念，即使只是作爲一種政治的工具，介紹進入中國，和譚嗣同的「平等」，康有爲的「博愛」，鼎足而三，成爲當代響亮的口號，已是難能可貴的貢獻了，其他的話也就不必多說了。況且，他在序言中提到伯夷的「特力獨行」，中國聖賢的「不徇流俗」，和朱熹所說「雖孔子所言，亦需明白討個是非」的觀念，都是對言論自由的尊重，是用自由的精神解釋個人成就和文化現象的第一人，給中國思想界帶來了一番前所未有的清新氣息。

然而，回到《自由論》，我們發現彌爾除了也曾把自由思想作爲經濟繁榮、國家昌盛的工具外，更重要的，是自由的本身便是他的目的。自由是人類天性中最自然的一種欲望。在個人自我發展過程中，它是主要的動力。我們所謂的意志，其實就是依照個人的判斷和好惡所做行爲和思想的選擇。人的「高貴」和「可悲」，取決於「自由」和「不自由」的處境。彌爾一再強調，人並不完美，而易於犯錯是我們的天性。但只要我們有言論和自我改善的自由，我們不僅可以糾正錯誤，帶來進步，還能創造新的知識，開闢新的天地。而「平庸」和「超越」，或者說「文明」和「野蠻」，也就在此畫分了界限。所以彌爾的自由主義，嚴格說來，更偏向於個人性格上理想的自由。如果每一個社會成員都著重這種自由的發展，社會的幸福會得到更大的擴張，個人價值也就變成了國家價值的基礎。這便是「星星之火」的力量，也是個人得到絕對的自由和造福人群的保證。彌爾的思想雖然淵源於狹隘而務實的功利主義，從這裡看來，已完全捨棄了功利主義的窠臼，重新建立了一個新功利主義的激進自由思想，取代了古典自由主義的面貌和焦點。

可惜當時的英國，一如十九世紀的中國，由於不同的政治和社會因素，沒有人能體會彌爾的苦心。而彌爾作爲第一個用個人意識來肯定自由的價值，建立個人幸福標準的事實，竟堙沒而不彰；不僅如此，還遭受到「道德集權思想家」這一類罔顧事實的譏諷。

土倫大學萊利教授有鑒於此，在對自由衆說紛紜，甚至刻意扭曲的今天，決心給《自由論》寫一部全新的導讀，重新整理他的學說，力排「兩個彌爾」的謬論，希望恢復他本來的面目。的確，當一般人從實用的角度看待彌爾的自由主義時，很少人會想到他眞正的關懷不一定是堂而皇之的社會國家，不一定是政治家嚮往的富國強兵，只不過是個人方寸之間一點幸福或者快樂的感受。這種感受可能從某些人看來微不足道，但從彌爾一生辛苦的經驗中來看，卻有如「星星之火」，可以照亮自己，讓自己快樂；也可以照亮他人，讓他人快樂，豈唯「讓人在衆多甚至矛盾的方向中找到出路」而已。在以「人道」爲懷的彌爾眼中，這便是生命永恆的意義，和自由無上的價值。

萊利教授在《導讀》的序言中說，「我以此書奉獻給一位親愛的亡友——帕特。……只要有他，便有歡笑。認識他的人，都能爲我見證這個事實。我會永遠懷念他。」在帕特的名字下面還加上了一行法語：Le feu follet（「星星之火」），我覺得這幾個字勝過千言萬語。對這位生前給人歡笑、死後讓人懷念的快樂靈魂，這是一種多麼充滿虔敬和愛慕的讚美呀！我借這四個字來做這篇序文的題目，象徵自由和生命之間微妙的關係，我猜想這不僅是萊利教授的意思，恐怕也是彌爾的意思吧？

彌爾著作甚多，收羅在J. M. Robson編輯的《彌爾全集》（*The Collected Works of J.S.Mill*，簡稱CW）中，一共三十三卷，由University of Toronto Press and Routledge於一九六三至一九九一出版。本書引文全部來自這部全集。至於它們各別的書名，則依照彌爾發表年代的先後排列在《導讀》「參考書目：彌爾著作」中。當引用原文時，本書只列出版的年代和頁碼。例如（一八七三，頁一七一），指的便是彌爾出版於一八七三年的《自傳》，見於CW版本的第一七一頁。由於本書引用《自由論》頻繁，所以不列年代，只示章別、段落和頁碼。例如（I.2，頁二二七），指的便是《自由論》第一章，第二段（paragraph），CW版本的第二二七頁。有關其他學者的著作，則列舉作者的英文名字、出版的年代，和該書的頁碼。例如（Gray，一九八六，頁二四五），指的便是格雷的《自由主義論》，第二四五頁。本書「參考書目：其他著作」皆依作者姓氏英文字母順序排列。

書中涉及不少古今政治和思想界的大師，在西方也許耳熟能詳，但我們有時難免陌生。爲了閱讀的方便，我擇要提供了一點他們的身分和生卒年代，以便在上下文中做參考。但像柏拉圖、拿破崙、甘地這樣鼎鼎大名的人物，當然也就沒有必要了。

《自由論》的中譯本除了嚴復《群己權界論》外，還有程崇華的《論自由》（商務印書館，一九七九），和鄭學稼的《自由論》（文星書店，民四十九年，即一九六〇）。我曾請哈佛燕京圖書館的張鳳女士和波士頓市立圖書館的楊慶儀女士代為費心蒐集，但除了嚴復外，別無所獲。承張鳳女士告知，哈佛還有嚴復一九〇三年原版的《群己權界論》，眞可謂現代藏書中的珍品了，値得慶賀。

至於坊間今天可以買到的譯本有郭志嵩的《論自由》，由馬來西亞城邦出版集團發行（一九六一），而五南的繁體版則於二〇一三年出版。

原 序

彌爾這部談論個人自由的經典之作早已是許多文獻的焦點。它今天肯定不會再有什麼新意了，有些人（甚至大多數人）都會這樣想。儘管如此，撇開他雄偉的言詞不談，什麼才是彌爾要給研究哲學者的重點呢？他的議論不是已經有夠清楚，在某些話題上不是都一目了然嗎？例如道德權益的重要、法律的尊重等等，誰還需要一部《導讀》來切磋這讀起來令人索然無味的自由主義呢？

然而替《自由論》寫一部全新的導讀，我相信是一件再迫切不過的事了。彌爾激進的言論，要不是被認爲自相矛盾，便是被評論家蓄意淡化了。他的學說今天既不是，過去也從來不曾是一般人心目中籠統不清的「自由主義」。但取而代之的，不外是傳統陳腐的自由觀，充斥在哲學的議論中罷了。今天的學生若不是被輕易導向經過後人改造的自由論，便是更糟糕地把彌爾的自由主義全盤誤解了。

我寫此書便是希望糾正這種誤解。我沒有脫離原書排列的順序，我只是把它區分成更多的單元，並在可能時提供必要的說明。在這同時，隨著彌爾本文的流程，我也指出了他朦朧曖昧的地方，並加入有關解決這些問題的建議，希望讀者能在不中斷閱讀原書的過程中對彌爾有進一步的了解。這些話題占據了《導讀》大部分的篇幅，那便是本書的第二編：《自由論》的主題。

至於《導讀》第一編的通論，主要在介紹彌爾的生平和著作，並從他的《自傳》中尋找與《自由論》可能發生的關係。例如他標榜的絕對思想自由（absolute liberty of thought）和他所謂「純粹自主」（purely self-regarding）的行爲，便可能部分來自他自我發展（self-development）的價值觀，或稱作爲「個人意識」（individuality）。這些在他自己成長的過程中，都充滿了非比尋常的意義。在這一編裡我也引述了《自由論》早年給讀者的印象，以及今天哲學界給它的評價。

不過我在這裡所做的辯護，主要還是想鼓勵讀者透過深思和討論，然後用自己的理解去解讀彌爾的學說。至於我自己，在他的議論和詮釋之間，我並不是完全中立的：我相信，對任何一個重視個人自由和社會進步的人，他的理論仍然擁有極大的衝擊力。爲了捍衛彌爾的自由主義，我另外還寫了一篇更爲完備的專題論文，題爲《彌爾激進的自由主義：找回眞相》，不久也將由勞格奇（Routledge）出版社出版。這篇論文多少預期了《導讀》中若干的論點，而且作爲更深一步的比較，它偏重於彌爾自由論的邏輯結構，因而截然畫分了它和傳統自由論的界線，諸如羅爾斯（John Rawls，已故美國政治學家）和柏林（Isaiah Berlin，已故英國社會學家）的理論。再者，在實際的運用上，我也詳細探討了幾個個別的案例，亦即賣淫和色情。

我願藉這個機會表達我對吳爾芙（Jonathan Wolff，倫敦學院大學政治哲學教授）的感謝。是他邀請我撰寫這部《導讀》，給了我許多初稿修改的建議，並鼓勵我認眞處理即將出版的新論文。我也感謝幾位提供意見和支持我的裁判朋友，其中一位匿名，另外二位則是田清流（Chin Liew Ten，譯音，新加坡大學教授）和桑訥爾（Wayne Sumner，多朗多大學教授）。至於森恩（Amartya Sen，哈佛大學教授，一九九八年諾貝爾經濟學獎得主）和格雷（John Gray，倫敦經濟學院教授），自從我進入牛津大學研究所後，十五年來他們跟我有許多的切磋，我也心懷感恩。但書中所表達的意見無疑我得負起全部的責任。事實上，格雷在他自己的著作中便指陳了對彌爾學說的不滿。然而我始終相信，師長和同儕的賜予，不論怎樣，都是無價的報償。

感謝士倫大學政治經濟學院爲我提供研究時的支援，使我得以順利完成此書的寫作。

我以此書奉獻給一位親愛的亡友。他在三十三歲的壯齡便與世長辭。帕特（Pat，全名爲Patrick Sutherland Fallis）寬大自然的胸懷，正是自由信念所呼喚和保衛的對象。只要有他，便有歡笑。認識他的人，都能爲我見證這個事實。我會永遠懷念他。

最後一件不算太小的事，我得感謝茉莉・羅森保（Molly Rothenberg，士倫大學英語系教授），爲她從不減退的愛和鼓勵。

目錄

第一編 通論

第一章　彌爾和《自由論》

彌爾的生平和著作

彌爾的一生都在十九世紀中度過。這是一個很不尋常的社會變革時代，其中最顯而易見的，是傳統宗教信仰持續的崩潰，而新的信念（不論是宗教的還是世俗的）無力在道德和政治的觀念或教條中取得領導的地位。在他的《自傳》裡，他借聖西蒙（Claude Henri de St. Simon，一七六〇至一八二五年，法國社會學家）和孔德（Auguste Comte，一七九八至一八五七年，法國證實哲學家）的用語，描寫這是一個「危急的」（critical）時代，一個「只有批判和負面思想的時代，人們沒有找到新的信仰，卻失去了舊有的依傍，在籠統或自以為是的心態中，把一切舊有的都認為是錯誤的。」這種歷史的過渡時代正交織在一些更為成熟的「有機」（organic）時代中，而這些過去時代最大的特色，則是「人們堅定地接受正面的信念，也願意讓他們的行為得到完全的仲裁」（一八七三，頁一七一）。至於他生活過來的這個時代，也曾經「以宗教改革為開端」，然而「長夜漫漫，不到一個新的有機時代出現，不到一個更為進步的信仰得以建立，這個時代將永遠不會終結」（同上）。

他這種寄望可以取代式微的基督教義之「更為進步的信仰」，便是他後來宣稱的「人道宗教」（religion of humanity）（一八七四），一種包羅萬有的自由和實用的信仰體制，個人能從中享有廣泛的自由權，同時也結合了一般性的自由規律，擴大了公衆的利益和幸福。當他二十四歲時回憶說，他希望能「從當代震耳欲聾的爭辯，但軟弱無力的議論中（這不正是我們今天的的寫照嗎？），發現一個未來，把目前的批判和過往有機時代的精華連接在一起」。

在不傷害旁人的情況下，在種種不同的模式中，釋放思想的自由，擴充個人行動的自由；而其中的是非利弊，都銘刻在早年的教育和人人共同遵守的感受裡，也深深植根於理性和生命真正的需求中，不必再像過往和今天所有的宗教、道德、倫理和政治的教條，像季節一樣，被後來的教條逐一淘汰。

（一八七三，頁一七三）

他獻給他愛妻的巨著《自由論》，便是這樣一種熱情洋溢的辯護，見證了「釋放思想的自由」和「在不傷害旁人的情況下，在種種不同的模式中，擴充個人行動的自由」的理想：這便是一個危急時代中一些「最優良的品質」。

儘管有這「震耳欲聾的爭辯」和社會的動亂，他對人仍懷抱著厚望，只是他自己的生活，卻「靜如止水」（同上，頁五）。公元一八〇六年五月二十日，約翰・彌爾誕生於倫敦，是他父母詹姆士和哈麗葉・彌爾（James and Harriet Mill）九個孩子中的長子。他的父親（一七七三至一八三六年）是一位極具社會影響力的人物；他的著作、智慧和剛正不阿的個性，使他成爲改革界的領袖，密切結合了邊沁（Jeremy Bentham，一七四八至一八三二年，英國哲學家，功利主義創始人）旗下實用主義的思潮。詹姆士給他兒子的教育開始極早，在一八二三年安排他在東印度公司（East India Company）工作。約翰在此工作了三十五個年頭（在他父親同一個辦公廳裡，直到一八三六年父親去世）。一八五六年，他升任與他父親同等地位的職務，即印度聯勤總部監察官，那是僅次於公司總監的第二高位。由於東印度公司於一八五八年關門，他也就在那年退休。

他只結過一次婚，對象是哈麗葉·泰勒（Harriet Taylor）（娘家姓哈代），於一八五一年結婚，亦即她前夫約翰·泰勒（John Taylor）過世後的第二年。然而哈麗葉也於婚後七年便辭世。他自認為生命中「最為寶貴」的一段友誼，應當是從一八三〇年便開始了，那時他們正在蒙比利耶（Montpellier，法國南方海濱城市）旅行的途中，那時距約翰退休不過數月之久的時間，這也正是造成他們婚前流言不斷的原因。哈麗葉去世後，約翰在她亞維農（Avignon）墓地附近買了一棟小屋，度過他大部分的餘年，經常陪伴他的，則是哈麗葉與前夫所生的女兒海倫·泰勒（Helen Taylor）。

在他最後的十五年中，寫作是他主要的工作。一八六五年到一八六八年間，他曾出任英國國會議事廳的自由黨議員。他從政的生涯，也十足表現了他生活的風格。他雖當選為議員，卻不向選區選民發表政見，不參與競選，不承擔競選費用，也不接受任何競選的約束。作為一名國會議員，他拒絕討好輿論界。他所願意做的事，只是在國會發表言論，鼓吹急進的自由改革。雖然明知缺少後援，他仍相信他的言論會在這生死關頭的時代中扭轉大眾的耳目。他的建議包含：延伸女性的公民權，以及推薦哈爾（T. Hare，另一位英國國會議員）比例性的民意代表制度。然而在一八六七年公布的改革方案中，這兩項提案並沒有被列入。他最爲人所知的活動，大約發生在他國會特設的牙買加委員會主席的任上。他花了兩年的時間慫恿政府告發牙買加總督艾爾（E. J. Eyre）和他部下以不正當的軍事暴力鎮壓牙買加的黑人，但一無結果。

一八七三年五月七日，他在亞維農逝世，安葬在哈麗葉的墓旁。其死因是顯然的丹毒（erysielas），皮膚急性炎症。

不可諱言，他的生平完全不能與培里克利斯（Pericles，西元前四九五至西元前四二九，雅典政治家）或者拿破崙這些人物相提並論。即便如此，他仍盼望富於理性思考的人能對他「異於常人和值得注意」的教育歷程感到興趣。雖然對他發生興趣的，大有人在，只是這些反應往往充滿惶惑和敵意。最典型的一例，是卡萊爾（Thomas Carlyle，一七九五至一八八一年，蘇格蘭歷史學家）的挖苦。他說彌爾的《自傳》讀來像是一部出了毛病的「邏輯蒸汽機」。當他描述彌爾自我啓發過程的往事時，說那不過是個「可悲的、神經兮兮的好奇心」在作祟而已。不過這句話如果運用在這位近代的狄奧根尼（Diogenes，西元前四一二至西元前三二三，希臘哲學家，犬儒主義的代表人物）自己的身上，恐怕是再貼切不過了。

從種種文獻看來，彌爾是一個擁有驚人智慧和學問的人，他在道德和政治方面的見識，不僅遠遠超過了愛說風涼話的卡萊爾，而且他自由先進的言論，在他同時代的人中，也遙遙領先。他五十餘年間推出大量的論著，跨越了哲學、政治和經濟的廣泛領域。長期以來被誤認爲是拾人牙慧的胡亂湊合者；然近代學術界發現他是一位自由民主的思想家，不僅言之有物，而且充滿想像力，他的著作具有永恆不滅的重要性。

爲了讓人了解他的教育歷程，他把他的生命畫分成三個階段。第一階段始於童年教育，直到他十四歲。在這期間，他的父親便是他的「校長」，而他受教的科目，目的都在使他成爲一名邊沁學派的學員。但在法國居留一年後，他逐漸思考自己的教育，以自己的願望和需求爲準，選擇他最爲願意接受的思想和情緒。

在剛起步時，他只是照章讀書。這時所謂的自我發展（**self-development**），或者個人意識（**individuality**），是全力奔走在啓蒙道路上，一味遵循「校長」依據他的個性而選定的教材。不過五年後，當他還不到二十一歲時，他就對這個規律失去了信心。大約在一八二七年的春天，不捨棄求知的欲望，以及尋找理性的力量，讓他起了跳槽的念頭。如此一來，他進入了生命中第二個階段（自我教育的第二春），跟他接受父親狹窄的教育相比，有了強烈的差異。

多元的經驗很快便爲他在思想和性格上帶來了根本的變化。大約在一八三〇年，他已能想像到一個更爲寬廣的功利激進思想（**utilitarian radicalism**），突破了狹隘的邊沁主義（**Benthamism**），卻沒有背離邊沁原有的精神。不過他並未明言對邊沁的不滿，直到一八四〇年。自從那年以後，他進入了他自稱爲「精神進展」（**mental progress**）的「第三期」，亦即「與哈麗葉心手相連的一段時期」（同上，頁二三七）。這是一個與前面兩個階段一樣長的時期。在得到哈麗葉將近二十年的通力合作下，透過他大部分的著作，他終於交代清楚了他對自由功利主義最新的看法。他的《自由論》撰寫於一八五四年到一八五八年間，出版於一八五九年，（其時哈麗葉去世不久），便是屬於他個人意識最後階段中的一個作品。

既然他的自由原則旨在從功利的角度鼓勵個人意識的成長，那麼他自己的教育和自我發展的過程，當然便是這冊《導讀》最爲緊要的一部分了。他一生的追尋，確實不比尋常，下面的討論，應當有機會爲我們澄清氾濫在文獻中許多常見的誤會和偏見。

早年教育

他早年教育的成果，據彌爾自稱，是讓他發現人有遠遠超過一般人想像學習的能量的階段。他自己的例子便足以證明，「先前一般人所謂的教育，多少是一種浪費：孩子其實可以接受更多、更好的教育。」（一八七三，頁五；參閱頁三三）。他父親在他三歲時教導他希臘文，八歲時教他拉丁文。雖然他從未用希臘文寫作，也只偶爾使用拉丁文；到十二歲時，他已能閱讀驚人分量的希臘和拉丁原文的著作，他特別喜歡歐洲上古史；有意仿效他父親出版於一八一八年的《英屬印度史》。他的整個童年便「沉迷在」撰寫歷史方面的文章中（同上，頁一七）。

當他將近十二歲時，他開始了邏輯學的功課。在父親的督導下，訓練應用蘇格拉底的辯證法，做爲柏拉圖《對話錄》中辯論的邏輯分析（同上，頁二五）。他也被鼓勵閱讀德謨西尼斯（Demosthenes，西元前三八四至西元前三二二，希臘政治家）的演說，促使他認識這位雅典政界的奇才和他演說的技巧。一八一九年到一八二〇年間，他開始密集地進入政治經濟學的課程過程中，陪同他一起讀書的便是他的父親，而採用的課本則是亞當・斯密（Adam Smith，一七二三至一七九〇，蘇格蘭經濟學家）和大衛・李卡多（David Ricardo，一七七二至一八二三，英國政治經濟學家）。事實上，作為他父親「敬愛和親密的朋友」，他很受惠於李卡多當面的教益。李卡多不僅是他父親的好友，還極關心他朋友孩子的教育。至於邊沁，這位終身未婚的鰥夫，一生致力於寫作而極少與世人來往，對約翰也產生了父性的關懷。他曾經清楚表示過，一旦詹姆士有什麼三長兩短，他願意擔負起撫養約翰的責任。彌爾的家庭實際上在一八一〇年到一八一七年間常與邊沁同住。在起初的四到五年間，租賃了他的房屋，隨後則每年夏季一定前往拜訪。不過這個安排，在詹姆士出版了《英屬印度史》且獲得東印度公司的終身職務後，才正式結束。

詹姆士犀利的智慧和高標準的道德，吸引了許多年少有為的自由愛慕者，而約翰也有幸跟這些青年人頻繁交往。特別值得一提的是喬治・格羅特（George Grote）。自從一八一九年起，格羅特和妻子哈麗葉便曾多次跟約翰會面。他們大約比約翰年長十一、二歲。在二〇和三〇年代中，他們雖偶有失和，但二人之間的友誼，對彌爾思想的成長來說，卻有著永久性的價值。他們都對古希臘文化和制度有高度的興趣，尤其是培里克利斯的「黃金時代」。[1]事實上，在格羅特花了二十五年多的時間，而於一八四六年開始發表的《希臘史》中，他獨斷專橫的氣息，卻為彌爾《自由論》的思想提供了一些重要的資料，說明了不少他略帶希臘風格的自我發展和教育的概念。

一八二〇年五月，詹姆士・彌爾作為「校長」的時代終於結束了。他把約翰送往法國，在邊沁的兄弟山姆爾・邊沁（Samuel Bentham）的家中居住了一年多。約翰自己認為在法國得到了許多利益，包括「對法國語言的熟悉」，持續在數學和科學上的用功，以及，也許是最重要的一部分，把自己「曝露在歐洲大陸生活特有的自由和歡樂氛圍中」，這跟英國氣量狹窄而又驕傲的空氣相比，簡直有天壤之別（同上，頁五九，六一）。

父與子

不同於一般人的看法，彌爾並不承認他父親的訓練方法發生了偏差，或者過於嚴峻。雖然他父親總是非常嚴肅，甚至毫無理由地缺乏耐性，他的方法「大體說來，還是正確而成功的」（同上，頁三二）。他堅持他「受的不是一個填鴨式的教育」（同上，頁三五）。相反地，「他傳授知識的方法是經過精心的策劃，而以訓練一個思想家爲鵠的。透過以邏輯和政治經濟學爲焦點的課程，我竟變成了這兩個領域的思想家了」（同上，頁三一，三三）。前面已經提到，詹姆士熱愛蘇格拉底的推理方法，他的兒子約翰在《自由論》第三章中也大力褒揚。[2]這樣看來，約翰早年的教育確定了蘇格拉底的對話錄含有改善思考能力的力量。

對父親所給他的培養，約翰深懷感恩：「父親早年給我的訓練，（讓我）……領先了同儕四分之一個世紀的時間」（同上，頁三三）。換句話說，當他十五歲時，由於父親的幫助，他已懂得四十歲的人還在摸索的東西。此外，他並不幻想他快速的上進是他「天賦才能」的表現，他承認他的資質是「低於、而不是高於一般的水平」。他的發展也不是天生優點的展現，他強調這是「任何一個具有尋常智慧而身體健康」的青年人都能做到的事情，如果他們有像他一樣「幸運的環境」的話（同上）。

不過彌爾也不諱言的說出他父親剝奪他童年生活所造成的痛苦。他說父親給他早年的教育，「並不是故意不給我快樂的童年」（同上，頁五三）。不錯，他的父親大體上把他孤立在自己的孩子群中，而絕少與其他同齡兒童來往，因此沒有機會學習到日常生活的技巧，或者實際生活的經驗。不過彌爾承認，這種孤立現象也防止了他自負於其他孩子的心態，使他一生中從來不曾感到傲慢或自滿。[3]這種生活讓他「不僅逃過了男孩和男孩之間通常會有的惡劣影響，也避免了思想和情緒上粗俗的感染」（同上，頁三九）。後來在《自傳》中他清楚同意他的父親，認爲避免粗俗，對一個蓄意發展並維護「精神超越」（mental superiority）的人來說，是相當的重要（同上，頁二三五）。這種逃脫的需求，解釋了他爲何在一八四〇年代中把社交圈子縮小爲「極少數」的幾個朋友（同上，頁二三五至二三七）。但更爲重要的是，在個人意識的培養和粗俗社會習俗的「專制」間，他相信存在著一種隱藏但不可消弭的衝突，而這正是《自由論》一書中心的關懷。

因此我們需要格外用心思考，假如有人認爲彌爾對他的父親懷有怨恨，或者他對自由的嚮往不過是早年強制教育的反彈。這是沒有他極有理由愛他的父親，即使他說不出「溫馨愛他」這句話，但他卻會「永遠衷心耿耿地獻身於他」（同上，頁五三）。還有，他無疑同意父親「嚴厲的管教和明言接受懲罰的義務，是兒童教育不可缺少的手段」（同上）。他謹慎小心地說過，自由的原則不適用於兒童（1859c，I.10，頁二二四；以下凡涉及《自由論》的引文，都將只註明章節和頁碼）。相反地，適當的強制行爲有益於青年人；家長式的作風（paternalism）是合法的政策，尤其在兒女接受訓練時，肯定具有強化他們獨立思考能力的功用。[4]

彌爾始終不曾抱怨他父親的嚴峻：「我十分猶豫，不知該說我是父親嚴峻作風下的敗將，還是受惠者」（一八七三，頁五三）。然而問題出在詹姆士大力依賴對懲罰的恐懼心，而沒有愛和讚美的包容。在他高標準的要求下，他可以毫不遲疑地為一點小錯（有時是他自己的不合理）怒罵和施罰，就是不願意褒獎兒子求知的熱情和希望成功的努力（同上，頁五一）。這種教育方式，由於操之過急，反而使約翰無法向自己的父親表達愛意和信任，甚至可能導致兒子失去跟其他人「坦誠而隨興」溝通的勇氣（同上，頁五五）。如果這是事實，雖然恐懼是教育中「不可缺少」的一環，但是聰明的家長也不應當隨意濫用，更應該適時以鼓勵來激發讀書和學習的意願。

針對他們父子之間缺少愛的事實，彌爾從他謹慎的言詞中，傳遞了他的哀愁，而不是憤怒。不管他童年或青年時代有怎樣的想法，在他後期生活中，當他一再修改他的《自傳》時，他似乎看見了他不能忽視的一面，亦即，他的父親對他不可能沒有愛，否則怎麼會為他的童年教育付出如此多的時間和心血。但也許是透過哈麗葉的幫助吧！他終於能從文化的層面了解他父親的性格，那是一種普遍流行於英國的風尚，認為一個男人天生的感覺需要絕對的隱藏和掩飾：

> 我相信（我的父親）有多於他能傳遞的感情，他感情的幅度也大於他的表現。他像絕大多數的英國男人一樣，就是羞於發出情感的訊號，而在空蕩蕩的生活中把情感活活餓死。
>
> （同上，頁五三）

在這樣的情況下，「一個一心一意為兒女設想的父親，一個完全在意兒女的愛心，終日擔心兒女會因為怕他而枯竭了他們心中愛的源頭的父親」，一定會引來兒女「真誠的同情」，而不是怨恨（同上）。

上面提到《自由論》一書的關懷，亦即社會習俗和自然發展的衝突，也曾在詹姆士．彌爾的個性中出現過。[5]約翰描寫他的父親是一個「領袖人物」，把他「充滿活力」的個性，令人動容的分析技能，和「道德上的正直」，密切結合在一身，讓見到他的人終身難忘（同上，頁三九、一〇五、二〇五）。比方說，他對教育，顯然有強烈的感覺，而在一般事物上，則高度熱衷於社會和政治的改革，因為他認為這才符合大眾功利的需求。然而在現實的社會風氣支配下，他看輕了天性和熱情的表現：「對任何一種熱情，儘管有人們口頭或文字上的吹噓，他都公然表示厭惡」（同上，頁五一）。為了這個原因，同時也因為他誤以為兒子會「毫無困難，或者透過某種訓練」，繼承他強烈的個性，他竟在教育的概念中把感情的一部分完全荒廢了（同上，頁三九）。強烈的欲望和感情，就其本身而言，並沒有顯然的價值，除非得到理想的駕馭，而把它們導向公眾的利益。嚴肅的社會和政治改革，需要具有邏輯、政治經濟，以及道德的抽象原則。為了促成它們的實現，教育則必須盡力集中於分析和理想的開墾。

詹姆士對熱情的看輕，在他的兒子身上至少出現了兩種嚴重的後果：第一，約翰早年的教育受到了局限。由於他只被告知讀什麼書，從來不鼓勵他發展自己的感受，他被塑造成一部「簡單的理性機器」，毫無自己強烈的欲求（同上，頁一一一）。他缺少均衡的品質，加上孤立生活的日趨惡化，終於在他二十歲時爆發了一場他所謂的「精神危機」（mental crisis）。當他跟別的孩子在願望上產生衝突時，他完全不知道怎樣保衛自己。因此：「父親給我的教育，只是充其量教我知道什麼，而不是教我做什麼」（同上，頁三九）。

第二，並非與前一點無關，他的父親（應當也包含他的母親）沒有以愛和情感爲重，致使十六歲的約翰失去了對自己的信心，變得出奇的被動和孤僻。他的「精神危機」不久還強迫他承認，過分的自我否定和缺少生氣將會給他帶來嚴重的憂鬱症。顯然地，一個更爲寬廣的教育，必須包含情感的發展，才能培養熱情洋溢和泰然自若的生活。假如我們能在教條和恐懼之外加上愛和讚美，原則上，兒童強制性的教育應當也能達到這個目的。然而對約翰來說，爲時已晚。他童年生活中種種的失調，只能由他自己來彌補。雖然這是一個非常艱辛的工作，因爲他年紀太輕，缺少社會經驗，而且從未嘗過愛的滋味。這也許可以幫助我們了解，爲何他把哈麗葉的愛情和支持看成如此的重要。但不幸地，他二十五歲時才結識她，使得他將近十年來在自我發展的道路上充滿了顛沛。

邊沁學派中的激進少年

自從一八二一年七月從法國歸來，彌爾加入了以他父親和邊沁爲中心的功利主義激進派的團體。在最初的一、二年間，他與約翰・奧斯丁（John Austin，一七九〇至一八五九年，英國法學家）閱讀羅馬法律，因而跟他的弟弟查爾斯・奧斯丁（Charles Austin）和他們劍橋的同僚頗多接觸，並透過杜蒙（Etienne Dumont，一七五九至一八二九，日內瓦政治哲學家）《法律的特徵》的詮釋，開始研究邊沁的思想。他說，閱讀杜蒙開啓了他「生命中一個非常的時代」（同上，頁六七）。他也閱讀康狄拉（Etienne Bonnot de Condillac，一七一五至一七八〇，法國哲學家、心理學家）、洛克（John Locke，一六三二至一七〇四，英國哲學家）、愛爾維修（Claude Adrian Helvetius，一七一五至一七七一，法國哲學家）、哈特利（D. Hartley，一七〇五至一七五七，英國哲學家、心理學家），休謨（David Hume，一七一一至一七七六，英國哲學家），以及其他的作者，不過他說，格羅特《自然宗教》（用菲利普・波向（Philip Beauchamp）的化名出版，在一八二二年私下傳閱的書）中，對實用自然神論的攻擊，產生了「對我心中僅次於《法律的特徵》一書的影響」（同上，頁七三）。

從一八二二年起，他開始在報紙和刊物上發表文章，隨後並成爲激進派《西敏寺評論》（一八二三年由邊沁創刊）最常見的撰稿人，直到一八二八年，由於跟主編波琳（R. Bowring）發生爭執才中止。在另一激進派刊物《國會歷史評論》（編輯是斌漢（P. Bingham）和查爾斯・奧斯丁）發行的三年間（一八二五到一八二八），他也投稿不斷。

他曾經組織過一個小規模、以研究爲主的功利學會（Utility Society），在一八二二年到一八二六年間，每兩星期聚會一次。「功利」這個字，他說雖然不是他的發明，卻因爲他這項活動變成了社交中公共的話題（同上，頁八一）。當這個學會結束後，另一個名爲精神哲學研習會（Society of Students of Mental Philosophy）則取而代之，在格羅特的家中每周聚會二次，直到大約一八三〇年。這個學會的成員，除了學習德文外，還得評論各種學科，包含政治經濟學（彌爾的〈政治經濟上若干未經解決的問題〉一文，雖然發表於一八四四年，卻是這一時代的作品）、邏輯和分析心理學（詹姆士・彌爾出版於一八二九年的《心靈現象分析》，便是這個學會研讀的最後一部書）。

一八二五年到一八三〇年間，他也曾參與多次的公眾辯論，維護功利主義而抗衡其他各競爭的宗派，包括歐文（Robert Owen，一七七一至一八五八，威爾斯社會改革家，烏托邦社會主義創始人）的社會主義（尤以歐文協助成立的倫敦辯論學會爲對象），以及保守黨團的律師和柯勒立芝（Samuel Coleridge，一七七二至一八三四，英國詩人）的自由思想門徒，有如茅理士（F. Maurice）和史特靈（J. Sterling）。（雖然後者不久也成爲彌爾的朋友，而經過他的介紹，也變成了卡萊爾的朋友。）

除了這許多的活動，由於一向在父親的辦公室裡工作，他自一八二三年五月起，也正式受僱於東印度公司，承擔起了公司的任務。最堪矚目的是他同意在一八二五至一八二六年間，幫助邊沁從證據上整理和編輯他那「堆積如山」的手稿，「一篇專題的論述」，而於一八二七年，以《法律證據的理論基礎》爲書名，分別編成五大冊出版（同上，頁一一七）。雖然他說這份艱鉅的工作對他寫作能力有不可低估的激勵價值，在負擔已到極限的情況下，這一匹任重道遠的駱駝，終於被不堪負荷的重擔壓垮而倒地了。也許是由於過度的勞累，在一八二六年的秋季，他開始對邊沁學派的急進思想失去了迷戀的興趣。這場醒悟換來的卻是生命目的的消失，和隨後幾個月中不可言喻的沮喪。即使如此，他的精神危機並沒有切斷他作爲功利主義激進者忙碌的生涯，而在旁人眼中他所說的危機也完全不見蹤影。

在整個一八二〇年代中，他把日常生活安排得十分正常，甚至他的憂鬱症也逃過了旁人的耳目；他運用自己的高智慧，依然若無其事地在為「非官方的」功利主義服務，順應著他父親和邊沁的意志。將邊沁派激進主義的形態，作為一種改革工具，可以給久被遺忘的高尚動機和高貴的品質帶來榮耀。一如十八世紀的法國啓蒙運動思想家，包括伏爾泰（Voltaire）、愛爾維修和康多賽（Marquis de M.J. Condocet，一七四三至一七九四，法國哲學家），邊沁主義者企圖攻擊當代的社會習俗和制度，例如司法上的規章，以便排除貴族階級的偏見和宗教的迷信。在這同時，他們把人以自利（self-interest）為動機的行為視為當然。如此一來，他們的改革便得集中在增進大眾的思維能力，並建設一種社會制度，配合大眾追求啓迪性的自利思想，也給予他們競爭時的力量。富有前瞻性的社會組織，例如市場的社會性建設，或者大家族事業以外的小型社區經營，很少得到關注。但這種個人措施，其可行性還有待道德和美學思想的薰陶（包含對平等的渴望）：「當我們讚美大公無私的崇高恩惠和熱愛正義的時候」，（此時的彌爾還在以邊沁學派成員的口吻談論邊沁主義，）「我們並不盼望人類會從這裡得到重生；只有理性的教育，和高貴的自利啓迪思想，才會得到類似的效果」（同上，頁一一三）。

邊沁派的激進主義結合了至少五種重要的元素（同上，頁一〇七至一一一）。第一，邊沁版本的功利主義是以一般性的哲學作為基礎。根據邊沁的意思，社會機構應當全力協助以自我利益為前提的人取得財富和權力，給他們提供足夠的誘因（報償和懲罰）來爭取最大的利益，也讓他們明白個人福利的要點（啓迪性的自利），和每一個人獨一無二的地位。他似乎相信一般的福利在任何情況下都可以用原則來計算，即便福利因人而異，卻可以量化和做相互的比較。不過他並沒有提出具體的方案來實現這些理論。他反而相信一般的福利是由某種永久性的物質和關心（包含安全的期待、求生之道、資源以及平等）所組成，而如何完成這些理想則是設計社會機構時必須遵照的原則。顯然，這些激進派人士，如果眞想建設這樣的社會，「他們自己必須先被高貴的行動原則所推動」，而不是邊沁所認爲那種推動群衆自我利益的觀念（同上，頁一一三）。[6]

第二種「官方的」激進信仰要素，是享樂主義的心理學（hedonistic psychology）。這是詹姆士・彌爾從哈特利《對人的觀察》（一七四九）一書基本論調中發掘出來的觀念。該書把人最終極的動機視爲生命中的福利（welfare）或者幸福（happiness），也稱樂趣（pleasure）（包含對痛苦的排除），並把財富和權力當作樂趣的來源；在絕大多數人的觀念中，這是社會生活中不可缺少的一部分。再者，在激進主義者他們自己的福利中，他們必須具有一種異乎尋常的高貴觀念，才能把個人的福利有效地跟大衆的快樂融合在一起。

剩下的幾個元素，也都強調了享樂式的功利主義（hedonistic utilitarianism）在主要社會機制中實際的運用。「在政治領域中」激進派展現出「一種無限的信心，相信他們議會制度的政府和完全自由的言論，一定會產生應有的功效」（同上，頁一〇九）。如果貴族的統治可以被「民主的選票」取代，那麼他們相信，只要大多數的選民得到足夠的啓蒙教育，和在自由言論中「選出了他們自己的代表」後，新的立法機構將會公平無私地「把他們的目標指向公衆的利益」（同上）。

在宗教領域中，激進派的人都是無神論者。如果任何一個教會不接受自由的思想和自由的討論，便會被他們排斥。一如詹姆士・彌爾，他們攻擊「粗俗的偏見，或者一種很不恰當被稱爲的『不信仰』（unbelief），一種在理性（mind）和知性（heart）上都存有瑕疵的信仰」（同上，頁四七）。至於一般被普遍接受爲基督教信仰的系統，在他們眼中不僅是基督自身教誨的腐敗，也毫無邏輯關聯地把「一個全能的地獄創造者」，胡亂「鑒定」爲「至高無上的善良」（同上，頁四三）。

在經濟領域中，他們青睞生產來源的私有自由競爭市場和生育控制（一種迫於社會的輿論，而不是法律的懲罰），作爲長期提升勞動階級薪資的手段。他們所依據的是李卡多的學說，亦即他的大著作《論政治經濟和稅務的原則》（一八一七），詹姆士·彌爾曾爲它簡化爲《政治經濟的要素》（一八二一）一書而出版（大部分的撰寫都出自約翰之手）。

這種「官方的」功利激進論，亦即他父親傳授給他的思想，其實正是彌爾在二十歲時反叛的對象，雖然在這期間他依然若無其事地持續他激進思想的探討，也始終跟他激進派的同僚打成一片。

精神危機和反應

彌爾的「精神危機」延續了大約六個月的時光，直到一八二七年的春天，當他感覺到，批評家可能說對了，把功利主義低貶爲「冷酷無情的計算，鐵石心腸的政治經濟學，（以及）違反自然人性的反群眾教條」（一八七三，頁一一三）。當他察覺到即使激進派所描述的這種改革「取得立即而徹底的成功」，他也不會有「天大的歡喜和快樂」時，他變得更爲鬱悶，甚至起了自殺的念頭（同上，頁一三九）。並非他不再相信「最偉大也最確定的幸福」源於個人的努力，而大眾的福利會帶來自由的信念。他知道他「應當對促進人類的福祉感到快慰，然而我並沒有感到這種快慰」（同上，頁一四三）。「持續追逐」邊沁概念中的快樂，「對我已失去了魅力」（同上，頁一三九）。而一種「自我的」否定，窒息了他「對人寰的愛心」，他的生命似乎失去了目的，他「快樂的實體」也被全部摧毀（同上，頁一四九）。

他猜想，由於早年教育的失衡，亦即過分發展分析的力量凌駕於脆弱的感情和欲望之上，他的精神危機變得更嚴重了。他父親給了他「不可逆轉的分析」頭腦，卻沒有教導他如何處理奔放的熱情和對自己的關懷。此外，他也擔心他失衡的生活病入膏肓，他「喜歡分析的習慣」會破壞複雜的熱情，包括祈求大眾的福祉。然而熱情有賴「人爲的」聯想，它處於快樂和造福人群的概念之間，有時還得用「歌頌和責難，報償和懲罰」的方法來維繫。但這也是一種偏見，可以一笑置之（同上，頁一四一）。唯一能逃過「分析頭腦」的，只有簡單而天然的感受，亦即「純粹生理和有機的」欲望和享樂，然而它們卻不能給人「蹈湯赴火的求生欲望」（同上，頁一四三）。因此，由於他從來沒有經歷過屬於自己強烈而複雜的感情，他似乎也沒有察覺他仍然有彌補的機會，例如把自己浸淫在藝術中，讓自己在幻想的天地間自由馳騁。這種美學的力量，他不久發現，是人在分析力量之外的一種「自然的補充和糾正」（同上，頁一四一），而人不必再在道德、唯美的享受和分析頭腦的聰明之間感到不能相容的矛盾。

彌爾告訴我們，當他讀瑪蒙特勒（J. F. Marmontel，一七二三至一七九九，法國歷史學家）回憶自己的童年，這些經驗在父親去世時便幫助家人減輕了痛苦，感動到流下眼淚，也使他的精神得到了改善（同上，頁一四五）。約翰對瑪蒙特勒的童年和家庭深感同情，相信他的處境跟他有相似之處，因此在生命中可以「再度找到即使不是熱烈的，至少是足夠的歡樂」。同樣地，他也發現華茲華斯（William Wordsworth，一七七〇至一八五〇，英國詩人）的詩歌能喚起了他對自然美景的愛戀，尤其是山的形象：那是一種完美的理念，一種全人類可以共同分享的「永恆的」快樂泉源，暗示著「當生命的罪惡一掃而空時」（同上，頁一五一），「這些詩歌給人的喜樂，可以抗拒最頑強的分析頭腦」（同上，頁一四五）。因此，「我拾回了生命的力量，雖然極其溫和，卻使我能再度發出聲音，繼續爲謀求公衆的福利而努力」（同上，頁一四五）。現在他明白，只要有恰當的自我改善的方法，他能補救大部分童年教育的缺失。他將不會再被憂鬱所干擾，儘管「這些精神上的老毛病」曾有好幾度在他身上復發。（同上，頁一四三至一四五）

這裡必須強調的是，他的精神危機的確過去了，在生命中沒有留下不可彌補的裂痕，而他的父親，雖然罪有應得，也不必被永遠責難下去。至於他給功利激進主義重點上的批評，也就不了了之。雖然如此，他的危機應當視爲他生命中一個轉捩點，讓他在思想和性格上產生了「兩個十分突出的效應」。首先，他懂得了用間接的方法尋找快樂。過去爲了想直接找到快樂，他被導向負面的分析技能，誤以爲公衆的利益便是他自己的目的。現在他把公益的「自身當作一種理想的藍圖」，而個人的快樂則是達到理想的「副產品」（同上，頁一四七）。他相信這種間接的手段，可以替不甚在意個人快樂的人得到很大的快樂，而他自己便屬於這種「不甚敏感，也無心追求太多享樂的一種人」（同上）。也許那些高度敏感的藝術家和慈善家能使用直接的手法把事情辦得更好，然而一般的人，只要能從事公益的工作，循序漸進，就心滿意足了。值得注意的是，這種間接的手法，恐怕不是他的父親或者邊沁所同意的。

第二，他的危機使他發現了「一個人先天的才能可以在後天中取得平衡」，不必一味地仰賴於分析和推理的本領。下面是他的解釋：

> 生平第一遭，我竟能把個人內在的涵養，在人類最關緊要的幸福天地中，找到了它應有的位置。我不再把外在狀況的調適，思想或者行為的訓練，視為生命中具有高度的重要性。根據自己的經驗，我懂得了被動的情感，一如主動的功能，都需要認真的照料，努力的培養、滋潤和引導。作為改進個人和促進社會福利的工具，我並沒有忘記或低估我已有的知識，也從不背叛我理性的教養，或者停止運用分析的力量。只是我了解，它們引起的後遺症也得加以修正。個人內在涵養的維護，至此顯得愈發重要，而感覺的世界也就成為倫理和哲學信仰上不可忽視的重點。
>
> （同上，頁一四七）

易言之，他現在看見了邊沁學派和他之間一個根本上不能相容的地方：理性的啓蒙是邊沁學派唯一接受的教育形式，而道德和藝術的薰陶對他們的社會改革則毫無意義。爲了這個理由，他必得更加努力，宣揚人們高尚品格的理想，以及社會和諧的遠景，這些雖然並不與邊沁思想背道而馳，卻被「官方的」激進主義者認定爲一無用處。

危機的眞正意涵，在這種詮釋下，無異是一種刺激，爲他塑造了一個更爲完美的自由功利主義，一種「新的」激進思想，一方面保留了「舊的」邊沁學說，另一方面則在培養高尙情懷和理想社會的同時，也提供了恰當的額外成分。他說，這次的危機是他個人「思想和個性轉型」的「開端」，雖然這些轉變的念頭在他心中早已「存在了好多年」（同上，頁一三七）。大約是一八三〇年，他已爲新激進思想草擬了大綱，而在一八三四年夏季以前，當他開始編輯摩爾斯華士（W. Molesworth）創刊的《倫敦評論》時，已完成了大部分的細節（該刊物於一八三六年易名爲《倫敦西敏寺評論》）。即使如此，在他父親去世前，他並不曾「用自己的意見和思想」寫下他「全部的構想」（同上，頁二一五）。父親去世後，他則揚言他編輯《倫敦評論》，主要目的在「顯示一個比邊沁更好、更完美的激進哲學，同時也繼承和光大邊沁思想中最具有永恆價值的地方」（同上，頁二二一）。事實上，爲了想調和哲學的激進論和「經典的邊沁主義」，他不惜在一八三七年全力買下了那份刊物，直到一八四〇年因經營不利時，才轉手賣給了錫克孫（W. Hickson）。[7]

儘管他對邊沁主義心存抗拒，他承認從來不曾放棄自己功利激進者的身分，雖然他情有獨鍾的新激進思想跟「官方的」思想並不相似。他說，「說眞的，我永遠不會放棄快樂是一切行爲原則的試金石，和生命目標的信念」（同上，頁一四五）。當談到約翰．奧斯丁時，一位從德國進修多年回來而改變了邊沁主義觀念的友人，他說，「他跟我一樣，從來也沒有放棄自己功利激進者的身分」（同上，頁一八五）。同樣地，雖然他對情感的教育轉向浪漫，他「從來也沒有背叛理性的培養」，也「從來沒有加入抗議偉大的十八世紀（啓蒙運動）的行列」（同上，頁一四七，一六九）。

他不僅無意拋棄功利的激進主義，他還主張把它加以修改和擴充，使它成爲「一個更爲異端的學說」，把一些性質不相同的異物，移花接木過來，讓邊沁主義徹頭徹尾改變它的嗅味。至於他所說性質不相同的異物，包含對意志、想像力和人格的觀察，主要來自德國的理想主義者，例如歌德（Goethe）、康德（Kant）和席勒（Schiller），以及他們英國的同路人，以柯勒立芝、茅利士、史特令和卡萊爾爲主。他也接納了歐文的平等社會烏托邦思想、法國的社會主義和共產主義，包含聖西蒙、弗利葉（F.M.C. Fourier，一七七二至一八三七，社會主義思想家）、卡伯（Etienne Cabet，一七八八至一八五六，烏托邦社會思想家）和路易士・白朗（Louis Blanc，法國政治家，歷史學家）。這還不算，他還從他未來妻室的身上吸取了女性生育控制和平權的觀念。哈麗葉和她唯一神聖教派（Unitarianism）的教友們並不承認現有社會傳統在婚姻和個人生命中有至高無上的權威。[8]

哈麗葉

正當彌爾的新激進主義在他心中呈現出清晰的面貌時，哈麗葉走進了他的生命。他旋即被她的魅力全盤征服了：他說，「我很快便察覺到，她才是我心中最寵愛的人兒」，雖然這是他精神危機後十年的事情，然而「她和我在精神上的努力，終於讓我們得到了一個圓滿的結合」（同上，頁一九三，一九七）。在她熱情洋溢的愛情鼓舞下，他開始興致高昂，這是一種她出現前從未有過的現象，而她也成爲彌爾生命中獨一無二的伴侶。如果他的回憶錄可信，她便是他生命中的光彩，而她自己則是一個光華燦爛、元氣淋漓的思想家（同上，頁一九五至一九七，二五一至二六一）。

他對她讚美無以復加，幾乎把她塑造成了一個道德和智慧的典型。他顯然從她身上找到了一些「生命中最高尚且可以實現的理想的合法要素」（同上，頁一九七）。換句話說，這就是幸福的理想觀念，他在《自由論》中稱之爲「最有廣泛意義的功利」（I.11，頁二二四）。她似乎也教導了他如何用「一種聰明的懷疑論」，去處理道德和政治科學上的實際問題，並把他從邊沁式的教條主義中解放出來（同上，頁一九七至一九九）。簡而言之，她是「如火焰一般熱情的」藝術家，和聰慧的實行家二者結合在一起的化身，也是他「最高價值思想」的創造者，因爲有些思想豐富的人不一定知道，也不一定願意，把他們重要的思想做一番整理，並且筆之於書，記錄下來（同上，頁二五一至二五三）。

他給她高度的讚揚觸怒了一些評論家，他們把這些溢美之詞，視若無睹。然而儘管彌爾蓄意小看自己創造的能力，而誇大他所愛之人的才華（例如他也盛讚過特利城的海倫，把她當作另外一位哈麗葉），我們實在很難預料第三者會怎樣看待這種評論。同樣難於理解的，是爲何有人總要汙蔑她對彌爾的貢獻？如果彌爾感戴哈麗葉跟他的切磋，而有意視她爲某些作品的「共同執筆者」，縱然我們沒有她寫作的證據，這又有什麼不對？至少他並沒有否認自己的責任，而在他的行文和議論之間，無論是清晰的程度還是文辭的力量，都沒有對作者做個別鑒定的必要。

比較不含糊的，大約是哈麗葉在她第一次的婚姻中便與彌爾有來往這惹人側目的事實了。她匆匆的再婚也可能讓認識他們的人（包括彌爾自己的家人）相信那是一種道德習俗的敗壞。但從他對她驕傲個性的描述看來，她應當不會因這些指責而感到畏懼。[9]像這樣一位女性，從容不迫地挑選了一個自願的成年男子而建立起一種非傳統的關係，大膽地挑釁了宗教和家庭的常規，哪怕她有天大的本領和感情，也應當逃不開惡名的加身。衛道人士也會毫不遲疑地否定她是個出色的思想家，和具有無可責難的道德品質。此外，一旦惡名成立，將會被人視爲是個隨心所欲、不負責任的人，這也應當都是她該接受的制裁。這樣說來，彌爾給她本質上過度的誇獎，恐怕得從這個角度重新衡量，作爲他給世俗猛烈攻擊的一個懷有目的的抵禦了。

在某種程度上，彌爾的生活和古希臘政治家培里克利斯多少有點相似：他有哈麗葉，而培里克利斯則有阿施帕西亞（Aspasia）。[10]根據歷史的記載，培里克利斯公然把一個放縱不羈的異國女子阿施帕西亞視爲情人和妻子，甚至把她當作可以吐露私人祕密的心腹之人，觸犯了傳統宗教和婚姻的習俗（在古代的希臘只有忠心耿耿的雅典女人才可以擔當這個角色）。她在當時便被人詬罵到體無完膚。雖然這些人大部分都是培里克利斯的政敵，但在歷史上，她惡名盈貫，儼然是個竊權者、妓女，甚且誘惑了一位光彩四溢的政治家，使他在她的面前失去江山，還以爲自己的才華來自她的身上（Henry，一九五五）。在《自由論》中，彌爾便曾申言，我們對這一類的判斷必須加倍小心，因爲它們常常只是社會集體的暴力，用來鎮壓個人理想的追求，儘管對旁人一無傷害。

不論怎樣說，我們沒有太多理由否定彌爾所說，哈麗葉給他在自由功利哲學中寶貴的貢獻。他還告訴我們，她曾提醒他注意一些特別的問題，例如一旦社會主義畫分權限後，教育水平較高的企業家將會開始在產品和市場上競爭，而人們不分男女，也將會在各種企業中享受到更多參與和平等的權利（一八七三，頁二三七至二四五，二五五至二五七）。她可能也曾幫助他了解，如果女性取得了平等權，勢必會呼籲更多、更細密的家庭需求（包括生育控制），而不再像今天一樣，一切聽命於男性發號施令的管轄。但更重要的，對我們的目的而言，是她可能還暗示了他《自由論》的眞理其實是個「十分簡單的原則」。這個原則不曾在他任何其他作品中出現過；在其他作品中，他對自由的觀念還持有相當遲疑的態度，完全不像《自由論》中的果斷。[11]

如果哈麗葉眞的提供了這些卓見，她在彌爾一生的寫作中的確扮演了一個重要的角色，包含給新功利激進主義的澄清，和讓邊沁原有的學說得到了更合理也更完美的形象。

新功利激進主義

彌爾一八四〇年以後發表的論文，一言以蔽之，是在精心策劃一個「更好、更完美的」自由功利主義；而《自由論》或許就是這個信念顚峰上一顆亮麗的明珠。不過這顆明珠的光芒，卻有一個極爲廣泛的來源，它包含了幾乎一切與自由和民主有關的思想。雖然他主要的邏輯和政治經濟學論文都已在一八四八年前完成，他大部分有關道德和政治的作品則出現於一八五九年到一八六〇年之間。除了《自由論》，他還寫了對功利主義和民意政治的意見，有關心理學和女性問題的研究，以及對先驗理想主義和孔德實證哲學的批評。至於他未完成的宗教和社會主義的論文，連同他的《自傳》，則都是海倫在他死後於一八七九年才公諸於世的。

在這一節中，我們沒有機會深入追究彌爾的新激進主義如何修正和擴大了邊沁的思想。他們之間的差異，根植於彌爾接受了更多人性想像的空間，看見了人的高貴品質可以在一再嘗試和合作下有更大的開放性，而不是一味借重社會機構，替人在沒有止境的自私行爲中尋找出路。不過在這同時，他的新觀念也沒有完全遮掩舊有的面貌。舉例來說，一如邊沁，他並不接受用一般機械化的手法來直接衡量和增添個人的幸福。相反地，也跟邊沁一樣，他在意公眾的福利，而以安全、持續、富饒和平等的條件，作爲他「合法的要素」，並且相信絕大多數的人只要遵守促進公眾福利的規章，都能間接地獲得個人的快樂。（這個規章也應包含功利主義改革者的規則，在即使無法順從的情況下，也得勉力爲之，不可輕易放棄。）然而在公眾福利的概念中，彌爾比起正宗的邊沁思想來，畢竟還是有了「太多異端的成分」。

在邊沁主義的概念中，公眾的福利顯然需要依靠資本主義政權下經濟持續的成長，及民主政權下多數黨和平的執政，並且擁有足夠的物質資源給需求者生活的保障，視理性教育的程度，給予大眾或多或少的平等和生育控制的權力。邊沁功利主義的規章提倡富饒，減低不平等的待遇，而執行的方法卻是如下，例如，分散私有財產權，鼓勵自由市場，保證個人勞力和付稅後利潤的收穫，廢除長子身分和繼承權，限制貴族在土地自然生產上的收成。這個規章在民眾取得投票權而能對競選者發表意見後，一定會縮減政治誤用的危險。個人必須授予生存、安全和保障名譽的權利。像這樣平等而互助的政治結構一旦成功，肯定會增長人們的幸福，使人能享受到對未來的期望，取得生命計畫中某些極爲緊要的東西，亦即「根本的資源」（primary goods）。

這便是彌爾心目中邊沁學派最誘人的地方。但他常常超越了它，而寄望於某些「更高尚的」美感和道德情操，期待這些想法有朝一日取代自利的心胸（透過啓發或者其他的方式）。他心目中複雜而高尚的情操，並沒有使他脫離享樂主義的範疇。相反地，他認爲高尚的歡樂也是一種自利行爲，只是含有更多與生俱來而價值更高的歡樂，可以解釋爲一種他父親鼓吹過的觀念，而現在進入了更精妙的境界。這種更精妙的享樂主義，經過班恩（A. Bain）和他本人一再的開墾和彰顯，已經清楚記錄在他們第二版的《人類心理現象分析》（一八六九）一書中。這種經過揣摩和擴充的人性，打開了彌爾的視野，讓他看見高貴的人性和社會的機構含有更多發展的空間，而這些可能性，邊沁學派的人士則一無所見（或者考慮得不夠周到）。如果廣大的群眾不接受道德和美學的薰陶，邊沁主義所盼望的民主和市場上資本主義的勝利並不會給彌爾帶來任何的快樂。

例如在政治哲學中，彌爾指出，除非人們具有實際的道德意識，單憑民主的競選不能保證優良政府的出現：

> 在政府和管轄的民眾之間，利益的鑒定並不是良好政府依賴的唯一因素，不管其實際的意義何在；這種利益的鑒定，也不能僅靠選舉的情況而得到保障。
>
> （一八七三，頁一六五）

在這一點上他的父親錯了，而麥考萊（Thomas B. Macaulay，一八〇〇至一八五九，英國歷史學家，民權黨黨員）是對的。精心設計的監察和均衡制度同等重要，如此才能預防多數民眾壓倒少數民眾利益的事實。不過不同於托克維爾（Alex de Tocqueville，一八〇五至一八五九，法國政治學家），約翰並不同意美國上下兩院的立法制度，在選舉獨立的行政官員時，由地方和各州分別進行，採用過半數（majority）或者未達半數之得票數（plurality）計算，並定有固定投票的日期。事實上，一如他在《代議政治芻議》（一八六一）一文中所說，他同意兩院制度的國會系統，而採用哈爾的選舉法，以確保議會的均衡席次。除此之外，他還主張少數黨可以依照他們人數的多寡，產生獨立的委員會委員（由行政部門任命），在立法時表達意見，輔助制衡多數黨的無能或專政，並保留特殊的權益，草擬或修改立法機構所提出來的全部規章（包含同意和否決），甚至根據教育的立場，採用複式投票，用以反對某一人或某一票。雖然對於後者的建議，他曾感到良心的不安（一八七三，頁二六一至二六二）。

在經濟學上，既然一種較高層次的道德觀和理性可能出現在工人和投資者之間，他想到，競爭性的資本主義有可能因此改變形態，使市場參與者逐漸主動轉向分散式的社會理想，並使得小型自營的工人，在較高的公平道德觀念中，受到牽制。在他的《政治經濟學原理》（一八七一）中，他希望高度開發的製造商能選擇「定態」（stationary state）（亦即固定的人口和資金股分）的經濟，而不是漫無節制的成長，超出了合理的國家財富和人口的極限。在實際的運用上，經濟的權益和利潤的富饒息息相關，不論這利潤來自私人的財富，還是社會經營企業的參與，但這二者，在他看來，一旦超越了限度以外更高的權限，都會同樣引起衝突。這些權限包含空氣和水源淨化一類的要求，也包含個人生活環境中自然土地的汙染，以及成年人在兩廂情願的情況下，在不妨害他人法理的關係中，擁有行動的自由和權利。在某種觀點上，假如財富和人口的增長不受約束，假如完好的土地因為經濟的成長而遭到不斷的破壞，如此的權利將危害社會大衆，他的自然功利思想這時便會明言宣布，經濟的發展到此已到盡頭（與此相關的更多資料，見 Riley，一九九六，1997b）。

在純粹私人的關係中，包含對種種問題的意見和不妨害他人的行為模式，彌爾維護絕對的自由，並希望由此取得個人在理性和道德容量上更大的發展。他推廣了這個理論，使它包含宗教言論的自由，而邊沁自由者和其他相關的人士也都接受了。然而激進派舊有的勢力似乎並不同意這種廣泛的運用，雖然凱利（P. J. Kelly）在這一點上有不同的看法（一九九〇，頁150-4）。簡而言之，彌爾的公衆福利觀念，包含對「個人」十分清楚的「永久性的權利」，則是邊沁「合法的要素」中從來不曾出現過的思想。

彌爾的新功利激進主義修改並擴充了邊沁的思想，且在邊沁所認為優良生活中一連串的「合法要素」之外，加上了理想中有永恆價值的其他混合物，給了它全新的規章、權益和任務，也結合了安全、持續、富饒、平等和個人意識的觀念。然而像如此龐大的彌爾信念，讀者必須從彌爾的本人以外去尋找，才會得到答案（見 Riley，一九八八，forthcoming a, b, c）。

「一冊簡單的真理教科書」

彌爾自己說他的《自由論》是「一冊簡單的哲學眞理教科書，……其重要性對今天的社會而言，在它廣大而多元的人格模式，和給予人類天性一種完美無缺的自由，讓人能在無數甚至矛盾的方向中找到出路」（一八七三，頁二五九）。不過他強調，大多數人並不眞正愛惜這個簡單的眞理。相反地，大多數人寧願「約束這種發展，並在可能的情況下，如有不符合他期望的地方，還會阻擾個人意識的成長」（I.5，頁二二○）。服從現有的社會習俗和成規，是典型生活的要素，而不是在自我發展的多元道路上尋找自由，以達成私人心中最好的理念，和做人最好的品質（這正是彌爾自己的寫照）。

他也承認這冊教科書所提供的眞理，並非他的原創。它「最主要的思想，……雖然多年來存在於衆多個別思想家的心中，卻是人類自從文明肇始以來，無時無刻不曾遠離的東西。僅就最近幾個世代而言，私人權益的原則、道德的特質，以及個人追求發展的期望」，都曾以種種不同的方式被人重視，他們包括佩斯塔洛奇（J.H. Pestalozzi，一七四六至一八二七，瑞士教育改革家）、洪博特（Wilhelm von Humboldt，一七六七至一八三五，普魯士哲學家）、歌德（法國浪漫主義者）、麥卡爾（William Macall，奧大利政治家）和華倫（Josiah Warren，一七九八至一八七四，美國無政府主義思想家）等等（同上，頁一七三，二五九至二六○）。

雖然如此，他提醒我們，在這老生常談的自由概念中，他也未嘗沒有一些屬於自己的新穎東西：「無需多言，在我所指出的前輩思想間，其實存在著衆多的差異性，我在書中已經詳細說明了」（同上，頁二六一）。而且他也堅持，我們不應當貿然相信在變遷的時代中，最好的品質，即使沒有原則性的捍衛，仍會自然而然地出現在下一個有機時代中。假如我們期盼沒有約束的思想自由和不傷害他人的行爲，而能成爲我們合法的要素，包含在「群衆愛戴的」信念中，那麼一個「植根於理性，切合生命眞正要求」，也讓任何時代中富有理性的人能夠接受的自由原則（principle of liberty），就變得極端重要了（同上，頁二六〇，一七三）。不過我們在經過二十世紀缺乏自由理性的法西斯主義和集權思想的騷擾後，他的警告尤其令人感到悚然：「我們不得不擔心，（《自由論》教訓）價值的出現恐怕還有一段漫長的潛伏時期」（同上）。

《自由論》的宗旨建立在「一個非常簡單的自由原則」上，不論在危急或是具有期待中，都有它不可磨滅的價值。這個「簡單的原則」我將會在後面詳加說明，但彌爾在「純粹自主」（purely self-regarding）而不傷害他人行爲選擇下所擬定的「絕對」自由，卻不容誤解：「就〔一個人行動〕的部分來說，如果只牽涉到自己，他獨立的權利應當是絕對的」（I.9，頁二二四）。不管在這裡有沒有哈麗葉的影響，彌爾給人思想和行爲上的自由，絕不是隨意的論斷，或者信筆的書寫。在《導論》的第二編裡我還有更多有關這冊「教科書」的陳述。

彌爾強調他的《自由論》是一部精心策劃的作品：「在我所有的著作中，沒有一部書曾有如此的用心，和孜孜不倦的努力」（一八七三，頁二四九）。他說在一八五四年已擬定了該書的大綱，隨後在一八五五年的前期，在他義大利旅行的途中，他把它改編成爲一部書。儘管當時東印度公司工作繁忙，他和哈麗葉一再修改全文，「閱讀、揣摩、批評每一個字句」（同上），直到她去世爲止。這書「或多或少是我們兩人共同的創作，不同於任何其他我名下的作品」（同上，頁二五七）。不過它雖然從來不曾有過「最後的審閱」，卻有高度的完美性：「書中沒有一個句子不是經過我們反覆的推敲，一再地審稿，並刪除我們所檢查到任何的錯誤，不管是思想上的，還是語言上的」（同上，頁二五七至二五九）。

他也完全滿意書中的議論。在他的觀念中，《自由論》可能是他作品中最能傳之久遠的一部（除了《邏輯系統》）（同上，頁二五九）。事實上，他把此書當作他愛情生活的具體表現：「當我無可彌補的遺憾發生後，我最早的願望便是把此書付印，因爲它是我亡妻的作品，它將是我對她神聖的回憶」（同上，頁二六一）。它現有的形式便是他最好的安排：「雖然它還需要一點她終極的修飾，但那修飾卻不是我所能做到的」（同上）。該書在一八五九年二月由派克（Parker）出版社發行，時在哈麗葉去世僅僅三個月之後。除了若干勘誤，全書從此一無更動。

在這種情況下，出於謹愼和尊重，如何看待此書似乎變成了讀者的義務。不同於某些批評家的言論，《自由論》的學說不可能是考慮不周的冥想，或者胡亂拼湊的遊戲。它値得，也會報償，我們專心一致的研讀。

早期的反應

《自由論》出版後，立即在英國讀者界引起了騷動。李斯（Rees，一九五六，頁一至二）

所臚列當時的言論可以作爲見證。彌爾自己也說，這書所產生的「非常印象」，「對今天而言（亦即一個危急的時代），看來不會派上什麼用場」（一八七三，頁二五九）。它的初版很快便售罄，緊隨在一八五九年八月第二版的二千冊後，又於一八六四年印行了第三版。唯一另外一個圖書館版本則於一八六九年彌爾還在世時發行，主要是因爲一八六五年間出現了一個廉價而被人一再翻印的大衆版。自從他去世後，此書有了無數次的翻版，和多數語言的譯本。它至今還被視爲是談論個人自由的一部經典之作。

然而這並不意味著他已被普遍接受，或者恰當地反應了先進社會，有如英國和美國，在法規和道德上的觀點。我們唯一能說的，是它對有心於現存法律和道德的評論者在某種程度上還擁有持續的影響力。例如哈特（H. L. A. Hart，一九〇七至一九九二，英國法學家，牛津大學教授）在一九六三年曾說，「彌爾的原則在法律評論界依然活生生地存在」（一九六三，頁十五）。費恩保（Joel Feinberg，一九二六至二〇〇四，美國法學家）（一九八四至一九八八）重新評估美國的法規時，曾大力借重「彌爾的原則」。最近田清流（Ten Chin Liew，譯音）還相信，彌爾的學說對現代多元文化的社會仍有重大的意義，而「《自由論》的教訓在長時間內不會變成廢話」（一九九五，頁二〇五）。[12]

在這同時，我們也不敢貿然相信他的言論已被大多數人充分理解。從一開始，此書的評論便充滿困擾和誤會。例如麥肯濟（J.T. Mackenzie）於一八八〇年抨擊保守派穆勒（Max Muller，一八二三至一九〇〇，德國東方學者）時曾說，「看來幾乎沒有一個人」懂得彌爾書中「平白的語言」（1994，Pyle 再版，頁三九七）。我們很難看清楚，這種誤解是哲學家對他的敵意所引起的反應，還是在早已存有偏見的氛圍中他們已先入爲主地排斥了理性。至於想理解廣大讀者群眾的念頭，那就更困難了。不過麥肯濟還說，彌爾的「語言孕育了社會革命的種子；我們生命中沒有一個角落，不會被它乘虛而入」（同上，頁三九七至三九八）。我們很難不相信，社會中某些力量會不計成本地阻擋這種自由觀念所帶來革命的暗示。而且，一如王爾德（Oscar Wilde）所說：「我能抵抗一切，卻抵抗不了誘惑。」我因此特別地想請讀者牢記心中，社會既有制度大力的捍衛者恐怕早已蓄意誤導了彌爾的立場，以便攪亂這些「十分簡單的原則」可能造成的激進自由改革。[13]在這些社會制度的捍衛者中，大多數是飽受傳統宗教和道德薰陶的牧師和教授。[14]

總而言之，我們沒有任何懷疑，不論他在世時還是死後不久，他得到的評語多是敵對的。[15]這中間偶有例外，例如我所提到的麥肯濟。摩理（Morley，一八七三）對史蒂芬（Fitzjames Stephen）蠻橫攻擊彌爾功利主義的回應（一九六七；原本出版於一八七三），也頗強勁而有力。美國詩人惠特曼（Walt Whitman，一八七一），儘管他與理想主義的形而上學有密切的關係，也曾提到彌爾，並同意他所說個人的權利必須得到保護，才能提高美國民主的品質。但相對而言，這些例子並不多。更多的人在諷刺性地讚揚彌爾後，立即把矛頭指向他致命的矛盾，無可救藥的含混，家庭價值觀不道德的破壞，以及近乎誣衊的褻瀆。其實，一如李斯（Rees，一九五六，頁一至三八）和派爾（Pyle，一九九四，頁vii-xx）的紀錄，今天學者的指責，早已見於早期的攻伐中了，它們不外乎是：自由主義不能與功利主義相提並論；彌爾給自由下的定義不恰當，是純粹負面的思想；什麼叫做傷害，根本沒有說清楚；自主行爲不能與其他行爲分開；自由的原則不可能實行等等。

就這一方面，彌爾確實觸怒了不少當時的評論家。尤其當他在書中揚言基督教義已退化成爲一個「死亡的教條」，而這廣爲接受的基督教道德被教徒們習慣性地盲目奉行，既違反了「新約聖經中的箴言和教訓」，不以它們爲行爲的指南，甚至還對它們一無了解。他相信現代的基督教，充其量不過是一種「被動式的服從」，以便在社會習俗和常軌中求得生存，不再有耶穌基督或者聖保羅所認識的面貌了。溫和一點說，這對自詡爲基督徒的人當然不會接受，也讓人削減了他自由理論的價值。他的朋友班恩也大惑不解，但只低調地說，「這樣的觀察，讓人感到是向基督，即神聖啓示的挑戰；這不是可以隨便亂說的話。……這整個的話題其實跟他的書扯不上一點關係，不僅沒有幫助，反而傷害了他寫書的目的」（1882a，頁一○五至一○六）。

這個問題，由於傳統宗教情緒不斷的爆發（爲了防止長期性的侵蝕），有愈演愈烈的趨勢，甚至波及美國、英國和法國等地；更有人假借自由的名義，企圖恢復奴隸制度，一夫多妻，和無節制飲酒這類向來遭人譴責的行爲。事實上，認爲彌爾的「教科書」擁有反基督教或一切宗教的觀念，至今依然流行在某些批評家之中。

不過當班恩說基督教道德的「整個話題」跟《自由論》「扯不上一點關係」時，他犯了很大的錯誤。再說，彌爾（一八七四）顯然相當讚美基督的形象和神性的概念，他肯定還會把基督教一切的「黃金教條」，有如善心撒瑪利亞（good Samaritan）的箴言，以及種種合理的基督教訓，一覽無遺地收入他自由功利主義的「人道宗教」中。他反對的不是基督教，而是僞善，以及對來路不明的基督教義和習俗盲目的遵循。

當前的情況

正如上面所說，早年圍繞在《自由論》周邊的敵對言論，在漫長的歲月中已變爲冷淡。今天此書，至少對自由派人士而言，還是有相當的魅力，儘管它在理論的形式上不無可議。今天尚有少數自認爲是彌爾功利主義的信徒，例如摩利、海倫・泰勒（Helen Taylor）、班恩、凱恩（J. Cairnes）、法賽（H. Fawcett），還有摩利所認爲的派特（W. Pater）等人。但他們卻在學術界一股泛基督理想主義（pan-Christian idealism）復甦的浪濤中給迅速淹沒了。雖然此一運動不一定比它的前身更爲平等和民主，大體說來也反應了主流社會的習俗和現實行爲的演變。【17】主流社會對傳統宗教和道德的價值觀，受到經濟成長和民主政治擴延的影響，從來不會停止它改變的腳步。然而這個「非常簡單的〔自由〕原則」，卻從來沒有被人接受。事實上，雖然可能性不大，但是，一旦西方社會眞正迎來了新的有機時代，取代了彌爾所經歷過的危急時代，這新時代的信仰也不可能就是他所謂的自由功利主義；最好也希望它不過是一種彷彿相似的病態形式，略帶自由民主色彩的猶太教倫理，或者美國式的政治體制，一般人認爲是公正而尋常的社會組織罷了。

儘管如此，這冊「教科書」對能接受廣泛個人自由價值的人來說，仍有鼓舞人心的力量。今天一些頗具影響力的學著，諸如柏林（Berlin，一九六九）、羅爾斯（Rawls，一九九三）、田清流（Ten，一九八〇，一九九五）、哈特（Hart，一九八二）、格雷（Gray，一九八三，一九八九）、伯爾格（Berger，一九八四）、費恩保（Feinberg，一九八四至一九八八），和史歌路普斯基（Skorupski，一九八九）等，便替他構想了一套新的理論，意圖保留彌爾的自由精神，同時也拋棄他疵瑕的推理形式。雖然這些好心的批評家不滿意他的支離破碎，也多少扭曲了他的本意，但他們相信這個精心改造後的自由主義可以恰當地替代他不完善的功利面貌。

不過這些修正派人士對彌爾雖有不滿，比起那些公然譴責、惡言相向的敵人來說，便黯然失色了。這些近代的敵人著書立說，爲數委實不少。例如辛美法柏（Himmelfarb，一九七四，一九九四）便取笑他軟弱無能，自相矛盾，可以被人隨意推拉而改變方向。她似乎相信在哈麗葉的操縱下，他誤入了激進自由的思想，跟他原本信奉的古典自由主義背道而馳。這個偏激的彌爾，打著個人自由的招牌，口吐聳人聽聞的女權和社會主義的胡言，其實只是在《自由論》或者《女性的屈從》二書中才有的面貌。他其他的著作，無論言辭的合理，對宗教、家庭、私有財產，或者自由市場的衛護上，都保留了古典主義的本色。然而這個被哈麗葉改造過的彌爾卻是揭起自由主義的口號，向傳統自由文化挑戰的元兇，而他所涉及的話題，例如政府對市場的干預，或者家庭的問題，都不是古典自由主義者所關心的對象。

韓伯格（Hamburger，1991a，1991b，一九九五）責備他爲了政治的理由，刻意誤導自由的眞義。爲了爭取激進黨一八三〇年在選舉中的訴求，而於訴求失敗後，又爲了鼓吹新功利主義宗教的實現，儘管有違自己的言論，他開始詭譎地向中下層民衆施壓，僞裝他非自由的本意，還認爲作爲功利主義前鋒的新聞業者、大學教授乃至社會賢達，都應把最高的道德標準「強制性地」加諸無知而順從的大衆身上。他相信這些大衆顯示了某些「可憐人性」的特質，包含對基督教信仰的承諾；而這些可憐人也會接受高層社會人士以自由爲名的欺騙。一旦新的宗教被他們接受，功利激進者有如他自己，便能贏得過半數的選票，取得立法的權力，在必要時還能迫使異議分子屈服在他們的意志之下。考琳（Cowling，一九九〇）爲這一論點還做了更多邏輯上的延伸。他直言無諱地攻擊彌爾是個道德集權的思想家，一心要殲滅基督教的文化，而以他粗獷、包攬一切的「人道宗教」取而代之。

這些輕蔑侮慢的評論，認眞聽來，的確有點駭人。它們無疑超出了自由所能容忍的幽默範圍。不過在這同時，它們也揭露了批評者自己的心態。這些批評家，如果不是被彌爾的言論混淆，便是對他的自由主義深表不滿，不惜走上扭曲和諷刺的道路，藉以達到黨同伐異的目的。這種混淆其實是可以澄清的，如果我們能恰當地把純粹自主的行爲跟一般行爲徹底分開。我在下面所要做的，正是這件事。絕對思想的自由和行動的自由，在合理行爲的約束和不傷害他人的保證下，應當可以共存。只要能把「傷害」一詞解釋清楚，彌爾自由主義中的兩種行爲在原則上有其和諧性，如何把它們結合在以權力爲準則的形式中，也是一個值得探討的問題。無需過分強調，我們最好拋棄「兩個彌爾」這類話題，認爲彌爾在有計畫地愚弄民衆，隱瞞自己的眞面目，以取得政治的勢力，甚至把自己集權主義的形象美化成爲自由的鬥士。[18]

進階閱讀建議

有關彌爾的生平，請見 Michael St. J. Packe，*The Life of John Stuart Mill*（London,Secker and Warburg,1954）。彌爾《自傳》的集注本，在 John M. Robson 和 Jack Stillinger,ed., *Collected Works of J.S. Mill*（London and Toronto, Routledge and University of Toronto Press,1981）,vol.1, pp. 1-290。關於他在國會數年的生活，見 Bruce L. Kinzes and John M. Robson, *A Moralist In and Out of Parliament: J.S. Mill at Westminster 1865-1868*（Toronto, University of Toronto Press, 1992）。（牙買加州長艾爾事件的評論，見 Chapter 6, pp. 184-217）

更多有關他父親的教育觀點，見 James Mill,'Education'（1818?），收於 F.A. Cavenagh, ed., *James and John Stuart Mill on Education*（Westport, Conn., Greenwood Press, 1979）, pp. 1-73。約翰和他父親的關係，見 Alexander Bain, *John Stuart Mill: A Criticism*（London, Longman, Green, 1882a）。

他與哈麗葉的關係，見 F.A. Hayek, *John Stuart Mill and Harriet Taylor*（London, Routledge and Kegan Paul, 1951）;以及 John M. Robson, 'Harriet Taylor and John Stuart Mill: Artist and Scientist', Queen's Quarterly 73（Summer 1966）:167-86。

至於他社交活動中與他有關的部分，見 M. L. Clarke, *George Grote: A Biography*（London, Athlone Press, 1962）; Francis E. Mineka, *The Dissidence of Dissent: the Monthly Repository 1806-1838*（Chapel Hill, University of North Carolina Press, 1944），特別是 Chapters 4-7，涉及 W.J. Fox、Eliza Flower、Robert Browning 諸人。Emery Neff, *Carlyle and Mill*，2nd edn, rev.（New York, Octagon Books, 1964）; Fred Kaplan, *Thomas Carlyle: A Biography*（Ithaca, Cornell University Press, 1983）; E. Alexander, *Mathew Arnold and John Stuart Mill*（New York, Columbia University Press, 1965）; Lotte and Joseph Hamburger, *Troubled Lives: John and Sarah Autin*（Toronto, University of Toronto Press, 1985）; Graham Wallas, *The Life of Francis Place, 1771-1854*, 4th edn（London, George Allen and Unwin, 1951）以及 W. Robins, *The Newman Brothers: An Essay in Comparative Intellectual Biography*（Cambridge, Mass., Harvard University Press, 1966）

閱讀彌爾《功利主義論》（一八六一）也有助於《自由論》自我包容性議論的了解，尤其是第五章，論功利和正義的關係。亦可參閱彌爾《關於宗教的三論文》（一八七四），特別是〈宗教的功用〉和〈神論〉。這些《自由論》以外的附加讀物，包含在 J. M. Robson, gen. ed., *Collected Works*（London and Toronto, Routledge and University of Toronto Press, 1969）, vol.10, pp.203-59,369-489。

其他作者與彌爾理論異同的比較，有助對彌爾的了解。最好的例子或許是 K. Wilhelm von Humboldt, *The Limits of State Action*（in German, 1851）, ed. J.W. Burrow（London, Cambridge University Press, 1969）以及 Josiah Warren, *Equitable Commerce: A New Development of Principles, as Substitutes for Laws and Governments, for the Harmonious Adjustment and Regulation of the Pecuniary, Intellectual, and Moral Intercourse of Mankind: Proposed as Elements of a New Society*（1846）, ed. S.P. Andrews（New York, Fowlers and Wells, 1852）。洪博特的書最早的英譯者是 J. Coulthard，書名 *The Sphere and Duties of Government*, 1854，亦即彌爾在寫作《自由論》階段中閱讀的版本。《自由論》刊印時，首頁的引言便來自此譯本。彌爾說他的「個人管轄」（sovereignty of the individual）一詞，便是借自「華倫一干人」（the Warrenites）（1873, p. 261）。

部分《自由論》早年評論的精選本，是 A. Pyle, ed., *Liberty: Contemporary Responses to John Stuart Mill*（Bristol, Thoemmes Press, 1994）。

第二編　《自由論》的主題

第二章 《自由論》／〈導論〉（I.1-16）

自由的階段（I.1-5）

彌爾介紹《自由論》一書的主題是：追究「社會對個人所能合法使用力量的性質和極限」（I.1，頁二一七）。這個主題雖然很少從哲學的觀點來探討，他說「相對而言，卻是頗爲新穎的話題，同時從某種觀點上說，它也是有史以來便有割裂人類關係的現象」（同上）。即使如此，在他生活時代的先進社會中（一如我們今天的社會），這種問題「總會在新的狀況下一再出現，而每次都需要不同和根本的處理方法」（同上）。爲了說明爲什麼在大型工業民主社會「新的狀況下」需要全新的哲學來處理，他列出了下面四種社會發展的階段。

在最初的階段中，自由和權威的鬥爭只發生在民眾和統治者之間，「（除了若干深得民心有如希臘的政府，）用來做爲被統治者一種必要的反抗」（I.2，頁二一七）。「自由……意味著向暴力統治者爭取保護的權利」，換言之，即是要求合法的政府約束他們自己的權限（同上）。在這種意識下，最早期的政治自由「來自某種政治自由或權利的承認」，換句話說，如果統治者的行爲有所不當，民眾可以利用個別的抵抗或者暴動來取得公平；其後由於「憲法的約束」，政府權力的畫分和統治者團體間彼此的對峙，幫助社區民眾避免了政治上一些不道義的迫害（I.2，頁二一八）。

不過重要的是，從馬基雅弗利（Machiavelli，一四〇九至一五二七，義大利政治家）的《羅馬史論》（一五三一）、康達里尼（Contarini，一四八三至一五四二，威尼斯政治家）的《威尼斯共和國政府》（一五四三），和洛克（Locke，一六三二至一七〇四，英國哲學家）的《第二論文》（一六九〇）來看，這種平衡而有所約束的政治學說並沒有牽涉到後來引人注目的個人自由問題。這些學說主要的目的不過是想從政治迫害中取得社區的安穩罷了。

在社會發展的第二階段上，自由和權威的鬥爭已重新定位在民主黨團和謀取統治權的黨團之間的戰爭：「雖然有程度上的差別，這些經過選舉而有任期限制的統治者，當他們出現時，他們新的願望就變成了黨團任務執行時的一大目標，盡可能地替換了前人對統治者權力的約束」（I.3，頁二二八）。自由從此不再是對政府力量的約束，而是根據多數人意見的選舉和罷免，把目標轉向自治（self-rule），雖然不一定是人民直接的治理，卻是可以輪替的暫時性的大眾團體：

> 這一時代所需要的是統治者必須與民眾結合為一；但他們的利益和意願必須是國家的利益和意願。國家並沒有保障自己意願的必要，也不會有對自己施行暴力的恐懼。
>
> （同上）

再者，這種以多數人爲自治政府的學說（以盧梭的《民約論》（一七六二），或者詹姆士．彌爾的《政府論》（一八二一）爲例），並沒有涉及到對個人自由的尊重。這種學說不過是想借政府來反應民衆的意見，同時也假設「民衆沒有必要約束他們自己的權力」（I.4，頁二一九）。

在第三階段上，由於美國的出現，我們發現當政府在大多數民意的控制下，對政府力量約束的需求並不會降低政府的重要性：

（大眾的）「自治政府」……並不是某一人自己的政府，而是眾多人的政府。再者，實際說來，民眾的意願是大多數也是最積極參與活動民眾的意願；這些過半數的團體，包括被這團體接受的個人，也可以名正言順地控制團體內另外一些人的意願。……因此，這種政府力量對個人的約束不會失去它的重要性，即使這個執政者在為社會服務時也是最大權力的擁有者。（同上）

這時自由的努力變成了一種有限制性的民主政府的努力，統治者一方面爲大多數人服務，同時這個合法政府的力量也受到憲法和基本政治權限的約束。自由的意義這時則是一種少數人向合法而有權限的多數領導者對不公允的政治行爲所進行的抗爭。[1]

然而在彌爾的觀念中，這種學說仍然沒有承認個人的自由。它只是結合了兩種早期的政治理論，而無一彰顯個人與生俱來的自由天性。這第三階段的目的，値得讚揚的，是使政府替「審愼的民意」負起了責任，而同意民意所促成合法政府權力的約束。簡而言之，這種自由要求政府約束它法定的權威，以期不違反公民必須平等享有的權益和自由。只不過這種約束並沒有在原則上用民意的權威來強制貫徹行爲的標準。雖然政府不能執行違反個人言論和宗教自由一類的法令，民衆仍然有權指責政府的失職。[2]

彌爾關心的是第四階段的社會發展，那是大衆運輸和溝通科技快速進步後的結果。超過半數的團體不再用法令，而開始在民意和習俗的手腕下，大大擴展了他們的勢力。在評論托克維爾（Tocqueville）《美國民主論》一書時，他擔心「中產階級」勢力的成長，會在社會中強調了商業的特徵，因爲他相信任何在道德和文化（遲早會波及物資）不恰當參雜的社區中，一定會一步步走向停滯和衰敗：「人類未來前途最大的危機，便來自商業精神不平衡的影響」（1840b，頁一九八；亦見 III.16-19，頁二七二至二七五）。事實上，他承認托克維爾的研究恰當地記錄了文化和道德的影響有時不來自社會平等的觀念，而來自獨占優勢的商業階級，而這種影響「已經大幅度地出現在英國貴族階層之中了」（1840b，頁一九六）。[3]

無論如何，自由的爭取終於在這第四階段上出現了一個全新的局面。個人不僅要從政府權威中取得保障，還得抵禦大衆輿論持續增高的力量（主要來自商業的精神），他們的干擾逐漸可以取代政府的立法，或者其他有關的法令：

因此，防範官吏的暴虐不再是問題：他們需要防範的是作威作福的言論和意見；社會用非民事的懲罰手段把意志和命令強制性地加於衆人的身上；還得約束或者阻止某些人越軌的行為，以及強迫人們接受他們自以為是的生活方式。在個人獨立的觀念中，對集體意見合法的干擾是有局限性的：而這種局限，連同它不受侵害的維護，在正常情況的人事中都有絕對的必要，一如政治的專制有絕對的必要，必須加以防止。（I.5，頁二二〇）

他承認大多數人現在都願意接受合法強制的限度，不論是法令懲治的形式，還是社會的輿論。不過「何處是其極限，如何在個人獨立性和社會控制之間找到恰當的調整，這些實際的問題卻是千頭萬緒，有待經驗的累積」（I.6，頁二二〇）。

一般原則的缺乏（I.6-8）

從彌爾看來，我們還缺少一種可以辨認的法規或原則，能在多種不同的社會中給合法或不合法的要求做出前後一貫的測試，儘管有些「落後社會的競爭還停留在未成熟的階段」（I.10，頁二二四）。相反地，大家通常只用一種類似感覺的方式來處理這些問題（I.6，頁二二一）。很少人關心尋求一個公平原則，建立在觀察人們行爲後果合理的評估上。更確切地說，爲數不少的答案都或多或少地被社會習俗所夾持，而所謂的社會壓抑限度常常只是「另一社會的天方夜譚」：

一切能給人的生存產生價值的事，都得看旁人對行為約束的言論。因此有些行為法則必須先

> 設定法律，然後從不適合法律操作的意見上加以調整。究竟這些法律是什麼，是人事中原則性的問題；然而假如我們除去少數顯而易見的事件，這是一個在尋求解決方案中絕少獲得進展的問題。沒有兩個時代，會有相同的裁判，所以更不用說兩個社會了；而一個時代或社會的裁判，卻是另一時代或社會的天方夜譚。雖然，任何一個時代或社會的人並不懷疑這中間的困難，也都相信這是天經地義的事。人們從他們自己身上取得的法規，在他們看來，都是不證自明的定論。這種全面而環球性的錯覺，便是習俗魔力的一個例證。
>
> （I.6，頁二二〇）

這個習俗的魔力，在目前的情況中「尤爲變本加厲」，因爲大多數人思想的習慣都認爲現存的行爲法規並不需要理性的公平裁決：「人們習慣性地相信，也被一些自詡爲哲學家的人鼓勵去相信，在這些事態中，感受要比理性強多了，因而理性可以棄而不用」（同上）。

換句話說，習俗給「每人的心中」灌輸了「一種人人都應有的感受，而人人也應把它當作行爲的依據」，無需訴諸理性（I.6，頁二二一）。這些來自不同源頭（例如階級利益和宗教信仰）的好惡感，遂變成了判斷的標準，甚至視爲普通常識，或者道德的依歸。「社會的好惡，或多或少，成爲重要的手段，在法令和輿論的襄助下，公然給種種的審問提供實際的裁決」（I.7，頁二二二）。

甚至一些聰明的領導者以及從事社會改革的人們也沒有注意到，正當和不正當的自由都有它們一般性的原則，而這些原則是可以加以實驗的。「他們一心專注於發現社會的好惡，卻從不過問這樣的好惡是否可以作爲裁判個人的法令」（同上）。這些菁英人士不從社會的權威中尋找原則的極限，卻借社會的責難和輿論來強制人們對行爲法規的服從。他們的作爲無異給權威做了重新的安排，使它轉移到他們青睞的方向，「即使自己是旁門左道的門徒，也大力改造了大衆對某些特殊事件的感受」（同上）。

宗教信仰的特例（I.7）

唯一一個特例，「原則已放在較高的層次上，而執行也一無矛盾」的，便是宗教的信仰：「讓我們了解世界擁有宗教自由的偉大作家們，大多數都肯定良心的自由（freedom of conscience）是一個不能取代的權利，也絕對否認了人的宗教信仰有對人負責的必要」（同上，底線是後加的）。在這些偉大作家行列中，彌爾應當加上傑佛遜（Jefferson，美國第三任總統）和麥迪遜（Madison，美國第四任總統），後者在洛克的容忍學說（doctrine of tolerance）之外，還補充了保障宗教信仰自由的條例，首先見於維吉尼亞州法令，隨後也見於美國憲法。[4]

麥迪遜宣稱，舉例來說，完全的良心自由是人「不可分離」的權利，因爲那是「一種面對造物者的義務」：而「每個人都有義務向造物者獻上敬意，用他自己相信造物者可以接受的形式」（一九七三，頁二九九）。再者，這個權利絕不可以被法律或者社會輿論干擾：

> 不論時間的順序，還是允諾的程度，對一個文明社會而言，義務都是前定的。……因此我們

> 堅持，談到宗教時，沒有一個人的權利可以被文明社會中的機構所剝奪，而宗教也不可以在它的認知中遭到徹底的排除。
>
> （同上）

像這樣，「良心的自由」是「一種自然而絕對的權利」（Madison，見Adair，一九四五，頁一九九，底線是原有的）。實際上，那是造物者，而不是人，在個人生命中劃出的一條界線，把個人納入宗教自由的私人天地（private sphere）中，而只有他公共的天地（public sphere）才能交付給社會權威去管理。

彌爾相信像這種宗教自由的誕生，其實是教堂或宗教團體無力在眾多競爭者之間贏得「全面的勝利」時，眼見自己不能成爲社會的主力，才被迫向這些他們不能感化的人身上求取新的出路（I.7，頁二三二）。即使如此，這種原則上的勝利「看來似有似無」，直到社會「對宗教的漠視，……才增加了他們的分量」（同上）。無需多言，這一類的勝利通常都是朝生暮死的。個人宗教自由的權利依然岌岌可危；而且，如果宗教的熱忱在群眾中變得熾熱，這種權利也會全軍覆沒：「只要人們有虔誠而熱絡的信仰，宗教自由的要求也會逐漸減輕」（同上）。彌爾在書中一再暗示，他很不放心政府對宗教復甦的忍受，甚至懼怕世俗專制的宗教有一天會捲土重來，他所說的顯然正是我們今天稱之爲「集權主義」（totalitarianism）一類的東西。

「一個非常簡單的原則」（I.9-10）

除了宗教信仰的特例，一般自由原則的缺乏還會造成社會和個人之間不斷錯誤的發生。他相信民眾赤誠的訴求會在不恰當的競爭場合中犯錯，也會在恰當的地方犯錯（I.8，頁二二二至二二三也可見V.15，頁三〇四至三〇五）。彌爾全書的目的便在提供一個尚未存在的自由原則，作爲解決此一問題的方法：

> 本論文的用意在宣布一個非常簡單的原則，用以規範社會對被迫或受制的個人所使用的絕對權威，不論這權威是法律的懲罰，還是利用大眾輿論的道德鎮壓。這個原則……要把力量正當地使用在任何一個社會公民的身上，即使有違他的意志，但其唯一的目的則是防範他對別人可能的傷害。至於他個人的感受，無論是身體的還是道德的，都不是重點。
>
> （I.9，頁二二三）

如此一來，這個原則在作爲合法鎮壓個人的手段時，提出了必要的條件：如果他的行爲有顯然傷害別人的可能，他的行動必須受到法律或者輿論的制裁。換句話說，如果此人的行爲沒有傷害他人的情況，那麼他是自由的。「就他只牽涉到〔自己行爲〕這一部分而言，他的獨立性，從法律的角度說，應當是絕對的」（I.9，頁二二四）。

彌爾還申明，他的原則只適用於有能力做到「自然進步」（spontaneous progress）的個人，也就是指那些能從自己的判斷和好惡中尋求自我發展的人：「作爲一種原則，自由不適用於人類在懂得自由平等的觀念而能謀求自我改善之前」（I.10，頁二二四）。一個不曾有絲毫自我改善表現的人，不配給予自由的權利，即使他的行爲對人無傷害。爲了這個理由，自由原則也不適用於「兒童」、「未達法定年齡的成年男女」、「那些在旁人照顧下的低能兒」，或者「落後地區中的野蠻人」（同上）。至於絕大多數文明社會裡的成年人（包括他自己），「任何的脅迫，不論是直接的形式，還是因不服從而受到的折磨和懲罰，都不容許加諸人身。它唯一合法使用的理由，是對他人安全的考量」（同上）。

功利主義形式的議論（I.11-12）

除了他顯然的新穎、假想的簡單，和給不能自我進步的人的限制外，彌爾還指出若干自由原則最具特色的地方。舉例來說，功利主義（utilitarianism）的原則，不是一個「抽象權利」（abstract right）的原則（I.11，頁二二四）。它對合法壓制的極限最終必須在一般功能條件下取得其正當性，「它必須擁有最廣泛的功利意識，處處爲自我進步之人的永久利益做根深柢固的設想」（同上）。

像這樣的條件可以容許社會對危害他人的行爲或怠惰加以控制，即使這些行爲有足夠的理由並不需要控制。特別地，一個人爲了「自我保護」或者「安全」的永久利益，社會可以爲他建立一套公平的法規，即使不是防止，至少是減少對人的傷害。不過社會卻常會找到最好的理由對這些法規不予理睬：

> 一則因為這件事，如果交由〔此人〕自己去處理，會比管制他的效果來得更好，……再則，因為採用管制有時也會得到惡果，其受到的傷害可能大於防範。
>
> （I.11，頁二二五）

在這種情況下，「特殊的權宜」（special expediencies）雖然給了社會足夠的理由不用法律或輿論來制裁，但「行爲者本人的良心此時則宜拿起裁判者的精神，保護旁人的利益，因爲這些利益完全沒有外在的保障」（同上）。行爲者應當從內心出發，一如自己的良心在做指揮，推出公平的法規，以便有利於旁人在同樣的情況下遵守奉行。

除此之外，功利在最廣泛的意識下，也完全排除了社會對無傷於人的行動（actions）或不行動（inactions）的控制，即使他們對這種行爲也有強烈的厭惡感。更特別的是，個人的「自我發展」（self-development）或者「個人意識」（individuality）在這些行爲中都變成了個人自由權利的絕對法律保障。從這裡我們也看見了自由原則的另一特色，也許可以稱之爲「實際的陷阱」（practical bite）。

彌爾堅信自由原則有它的陷阱，因爲有些行爲看來好像的確跟旁人無涉：

> 有這樣一種行為，……在此人生活中，僅僅牽涉到他自己一人，再不然，假如有涉及他人的

> 地方，也都有這些人自動、自願，以及公然的承諾和參與。當我說僅僅涉及他一人時，我指的是他直接的和以自我為出發的行動：如果他對旁人有任何的影響，那些影響都是透過他本人的影響而產生。
>
> （I.12，頁二二五）

這種他自稱爲「私人的」（private）或者「自主的」（self-regarding）行爲（I.14，頁二二六），對旁人毫無傷害，因爲即使旁人的意志跟他相左，也不會受到直接的「影響」。在這一點上，他並沒有做進一步的解釋，只草草地說：「這不是人類自由專屬的領域」（I.12，頁二二五）。簡單說，爲了自主行動，或者不採取行動的自由，不受任何鎮壓的威脅是人人的權利，必須受到合法的保障。

有關自主行爲的領域，他做了下面的說明：

> 首先它包含了自覺（consciousness）內在的範圍；講求最廣義的信仰自由，思想和感受的自由；在諸種議題中，不論是實際還是想像，有如科學、道德，以及宗教意見和情緒的絕對自由。至於表達和傳播思想的自由，則是應當屬於另一類自由的原則，因為它雖是個人行為的一部分，卻對其他的人表示了關懷；不過，由於它跟思想的本身有幾乎相等的重要性，而且基於同樣的理由，它也不再能與思想的自由分辨彼此了。其次，這種原則需要品味和追求的自由，提出生活的規劃和求取安適的自由，隨心所欲但並非罔顧後果的自由；也就是說，只

> 要不妨害他人，我們便不必接受旁人的阻撓，即使旁人認為我們的行為愚蠢、乖張，或者錯誤。第三，從個人的自由，在同樣的範圍內，也產生了眾多個人所結合的集體自由；亦即在不傷害他人條件下聯盟的自由，因為這些集合在一起的人都是成年人，也沒有受到任何的強制和誘騙。
>
> （I.12，頁二二五至二二六，底線是後加的）

值得注意的是，雖然在這草創的階段，彌爾警告我們說，傳播思想的自由雖然實際上已「牽涉到了其他的人」（因爲出版的文字會有傷害他人名譽，或者誤導大衆視聽的可能），卻與自由「不能分辨彼此」，也具有與自由「幾乎」相等的重要性。這些話多少有點難於理解，幸而他還是爲我們做了一點暗示。

謹慎說來，他似乎在說，思想傳播應當受到社會合法的控制，因爲那是一種可能危害他人的行爲。即使如此，社會仍然應當「幾乎」不要使用這種控制，因爲放任政策（laissez-faire）常常是最方便的法門。尤其是與自由相關的自我發展，其福利也「幾乎」勝過對人的傷害，然而傳播思想給人的傷害卻可以在事先得到防範。功利主義的理論在形式上與絕對思想的自由完全相同，唯一的差異是，由於思想永遠不會傷害他人，因此是一種道地的自主行爲。社會沒有必要控制思想，但當控制思想傳播時，在某些情況下恐怕需要有合理的說明。無論怎樣，自由權利的給予，在這兩種情況中，「絕大部分都很相似」，至於思想的傳播，從多方面看來，也「幾乎」都「好像」是自主的行爲。再說，一如我們將在下面看到，彌爾使用了一種戰略性的推理，把思想的傳播和思想的本身結合爲一體。他想利用自覺、言論，和新聞業者的自由在先進社會中早已得到公認的事實，來順水推舟地推動他更爲寬鬆的自由原則。

自主行爲自由的絕對優先權（I.7, 10, 13）

彌爾所介紹的自由原則還有一個關鍵性的要點，那就是，在道德或社會考量的自主範圍之上，他給了個人自由一個「絕對的」優先權。我在前面的內容已經強調過，他曾一再指出個人的自由——也就是隨心所欲的思想和行爲，而沒有法律或道德的控制——由於與旁人無關（因爲對人沒有傷害），因此在權利上是「絕對的」。此一行爲者的自由權利，假如他的行爲符合自主的條件，是永遠不能用任何理由予以剝奪的。這個因爲自主的條件而不可廢棄的要點，最後變成了自由原則中最基礎的特質和最基礎的倫理意義，很接近功利主義的原則。正如彌爾所言，它根本就是功利主義直接的產品。

這個自由原則最基礎的特質吸取了與宗教自由原則中相似的精神；爲了確保宗教的自由，他相信，衛護者「可以宣稱良心的自由是一種不可廢棄的權利，同時絕對否認個人的宗教信仰與旁人有絲毫的瓜葛」（I.7，頁二二二）。他們共同基礎上的特性，證明了他建立的原則就是宗教自由教條的普及化，也就是發生在他寫作期間，美國憲法所認可的一些內容。證據就在眼前：例如傑佛遜在《維吉尼亞州備忘錄》中說，只要思想和行動不危害他人，宗教便應有絕對的自由：

政府只能在對人有害的行為上加以法律的制裁。然而如果我的鄰居說上帝有二十個，或者根本沒有上帝，他並沒有傷害到我。這種言論既沒有從我的口袋裡把錢偷走，也沒有打斷我的腿。

（一九八二，頁一五九）

與此論調相同，麥迪遜也說過，一個人在傳教時應當享有全面的自由，除非他假借宗教之名，做出擾亂社會安寧或者秩序的事情來。

彌爾的自由原則也意味著每一個文明社會必須把自由當作一種基本的信念來接受，無論這個社會有怎樣的文化和道德的環境：「不論在怎樣形式的政府管轄下，沒有一個不尊重（自主行爲）自由權的社會是自由的；任何社會如果沒有絕對的和未經審核的自由權，也絕對不是自由的」（I.13，頁二二六）。因此，在任何一個思想和道德都夠先進的社會中，這個自由原則都是適用的。然而它在文明社會中廣泛的運用，只有當自主行爲符合該社會文化和道德的標準時才有可能。否則那些標準可能會拒絕接受某些行爲的可行性，即使那些行爲對人並無傷害。更確切地說，傷害別人如果指的是違反個人意志的直接傷害，必須要經由有能力自我改善的人的認同才行，不論此人對文化和道德有怎樣的看法。同時，一般人也應當懂得有些行爲的確沒有傷害的可能。

什麼不是彌爾的自由原則

從上面的一些特徵，讓我們大膽強調彌爾自由原則所不是的東西。例如：它不是我們所熟悉的平等的基本權利或者自由的原則，有如羅爾斯（Rawls，一九七一，一九九三），德沃金（Dworkin，一九七七），或者海薩尼（Harsanyi，一九八二，一九九二）所捍衛的原則。誠然，任何自由主義者（包含彌爾自己），都會捍衛這些大衆所公認的自由原則，即使它們的性質會因不同的詮釋而有所不同。例如古典主義者會呼籲私有財產權和契約權，但也不會放棄有如美國基本人權宣言中所列舉的種種權利。新自由主義者則會反對私有財產權，而更重視社會福利、民主政治系統的參與、維護環保和工作安全，以及反抗種族、性別、文化和年齡等歧視的權利。其他種種更多和相對優先的權利也都可想而知了。

彌爾在他的《自由論》中並不鼓吹民主投票、私有財產、貿易、接受社會福利等等的權益，或者防範這些權益受到不正當的歧視。爲了這些權益的保護，他在其他的著作中已有足夠的闡揚。然而在這冊教科書中，他倡導的卻是一種非常特殊的平等而基本的人權——亦即自由的人權，具有像執照一般的性質——絕不容許個人的思想和行動在任何情況下傷害別人。像這樣的防禦，在任何自由主義中絕無僅有。事實上，它異乎尋常的特性使得功利主義的自由論在自由主義的天地中變成了一枝獨秀的奇葩。

社會制壓日益增長的危險（I.14-15）

當他給自由主義寫下大綱後，他計畫把注意的焦點放在自由原則的主題上，「盡可能讓時下的意見作爲佐證」，亦即「思想的自由（當然包括宗教的自由）是絕無可能從言論和書寫所認同的自由中分開」（I.16，頁二二七）。這些自由所依據的「立場」，「一旦正確地理解，將會有更深廣的運用」（同上）。

不過在說明這個立場前，他警告我們說，「時下的意見和實踐的一般趨勢」，是對自主行爲過分的干擾（I.14，頁二二六）。他承認，相對於較早的時代，這些用法律來做不正當干預的行爲已經減少了許多，主要是因爲「政治環境日益的擴大，而更重要的，是宗教和世俗權勢顯然的分化」（同上）。不過用社會輿論的羞辱作爲手段卻毫無減輕之勢：「把道德制壓的矛頭揮向自主行爲所表達的意見，甚至比對付一般社會案件更爲猛烈」（同上）。最大的罪魁，似乎就是有組織的宗教：

> 宗教是道德的感受在形成時期最有力的要素，幾乎可以永遠掌握在野心的當權者手中，可以在任何人類行為中取得控制，或者被清教徒的精神意識所操縱。
>
> （I.14，頁二二六至二二七）

所以說，思想和傳遞思想的自由在本書中從他開始便占有了壓倒性的優勢，也成爲下一章重要的話題。

雖然他顯然懼怕宗教會引來暴君式的群眾意識和壓力，他也擔心集權主義的社會制度（有如孔德所描述），在大力反對基督教以及其他宗教之餘，還設法建立「社會的獨裁，用來控制個人的行爲，壓制任何自古以來便存在的嚴肅的政治哲學思想」（I.14，頁二二七；亦見一八七三，頁二一九至二二一）。其中的危險，是某種另類的有機時代將會來臨，且以非比尋常的反自由的特權，取代當前危急時代的一切。他在《導論》中做了下面這個可悲的結論，無疑預言了我們二十世紀的命運：

> 不論是統治者還是國家的公民，人們習慣的傾向往往會把自己的信念和意圖強制性地加諸他人身上，……除了對權力的呼喚，沒有任何忌憚；而且當權力愈來愈高時，除非有一個強而有力的道德理由來遏制禍害的蔓延，否則這種趨勢只會有增無減。
>
> （I.15，頁二二七）

進階閱讀建議

在此一階段宜閱讀一些自由原則的歷史，彌爾的原則看來是一般宗教原則的縮影。有關美國方面宗教獨立而與人無涉的自主權，可參閱 James Madison, 'Memorial and Remonstrance against Religious Assessment'（1785），蒐集在 R. Rutland 等編輯的 *The Papers of James Madison,*（Chicago and London, University of Chicago Press, 1973），Vol. 8, pp. 295-306; 以及 Thomas Jefferson, *Notes on the State of Virginia*（1785），ed. W. Peden（New

York, Norton, 1982）, Query XVII on 'Religion', pp. 157-61。

若有興趣深入探討維吉尼亞州宗教自由的歷史議題和後效，參閱 T. E. Buckley, S. J., *Church and State in Revolutionary Virginia, 1776-1787*（Charlottesville, University of Virginia, 1977）；和 Merrill D. Peterson and Robert C. Vaughan, eds., *The Virginia State for Religious Freedom: Its Evolution and Consequences in American History*（Cambridge, Cambridge University Press, 1988）。

第三章　《自由論》/〈論思想和傳遞思想的自由〉（II.1-44）

一般自由的依據（II.1）

彌爾相信給思想和傳遞思想的自由做一個「徹底的思考」是談論自由最恰當的開始，部分的理由是，先進國家中大多數的民衆都已接受自由是理所當然的事實：「這種自由，在認同信仰自由和自由政府的國家中，已以一種勢不可擋的力量形成了他們的政治道德觀」（I.16，頁二二七）。例如英國，在「絕大數日常生活的關懷中」，包含政治和文化，已經「不再容許任何異己意見的排斥」（II.36，頁二五四）。

然而用道德的觀念來理解這些習以爲常的自由卻不是一件很尋常的事。而且他提醒我們，當今在對多元思想與日俱增的敵意中，至少有一個極大的顧慮，那便是道德的原則。其中不甚明顯的主題對思想和思想傳遞的自由是一種高度的危險，潛伏在日益昌盛的信仰中，認爲「基督教的道德觀……便是全盤的眞理」（II.37，頁二五四）。因此他的擔憂是，今天公認爲是基督教「狹窄」而「單方面」的「神學道德」，「變成了實際運用上嚴重的罪惡」（II.38，頁二五六）。一種「〔在他寫作期間歐美所啓動的〕宗教復甦，在狹隘和粗俗的意識中，往往也就是冥頑武斷的復甦」（II.19，頁二四〇）。

這一章的中心思想，是認爲早已獲得相當保障的思想和傳遞的自由必須有更進一步的保障，直到思想和「幾乎」一切的傳遞方式在法律上都取得了「絕對的」地位。他解釋說，一切思想以及實際上的傳遞都應當名正言順地屬於自主的行爲。不過在某些特殊的情況下，有些意見的表達並沒有自主的特性，因爲它含有「至少一個可能的牽連」，而涉及對人的傷害。在這些特例中，當某種言論被排斥在自主行爲範圍之外時，我們所面對的卻不再是自由中道德的問題了。因此他堅信，「我們必須有全面的自由，把思想和言論的自由視爲倫理的信仰，即使那言論有多不道德」（II.1，頁二二八，附註），除非是某些「蓄意鼓吹邪惡」而嚴重傷害他人的言論（III.1，頁二六〇）。

我們必須記得，彌爾曾把好幾種思想的表達排除在自主行爲的殿堂之外，因此他的自由原則可以不必裝腔作勢去宣稱給了「一切」言論絕對的保障。有了這樣的警告在先，他可以放心承認，「自主行爲表達」的絕對自由並不與社會合法權威在某種特殊控制下有任何的衝突。再說，假如「幾乎」全部的言論都被劃入對人無害的範圍，他所強調不受權威管轄的自由仍然可以理解，即使這會導致粗心的讀者得到「一切」言論都有保障的誤解。他的自由原則雖然夠激進，卻並不極端。

爲了緩和他對言論網開一面的措施，彌爾否認「民衆的特權」可以用法律或者社會的輿論來抵制意見的表達，他認爲「這種力量是不合法的」（II.1，頁二二九）。即使對一些無心涉及的「不道德和邪惡的意見」，他也「一概譴責」（II.11，頁二三四）。在支持個人必須在沒有壓力的情況下享受絕對自由的議論中，他強調「抑制人們意見的表達……一種特殊的罪惡」，那便是「搶奪了人類」的眞理，一種「幾乎近於福利、期盼和盡情生活的眞理」

（II.1，頁二二九）。他在這裡的言詞，一如其他的地方，讓我們清楚看見了功利主義的特色。

箝制可能正確意見的弊害（II.3-20）

首先我們需要考慮，什麼是箝制「可能正確」意見的罪惡（II.3，頁二二九）。

絕對正確性的假定（II.3-11）

這個問題存在於箝人之口的人對他們自己言論與思想絕對的正確性（infallibility）有一個未經證實的假定：「箝制別人的思想是絕對的正確」（同上）。他們不僅否定了意見有正確性的可能，也肯定了意見必僞的觀念，因此才會武斷地給旁人做下判決。然而在複雜的道德議題中沒有人可以有絕對的自信。爲了要表示他有此自信，箝人之口的人便把判斷強制性地加諸人身，而不讓人有表白的機會。這種不正當的道德威脅便是「所謂的」絕對正確性的假定：

> 我所謂的絕對正確性，不是對任何一種信念的肯定，而是指一種不給他人申辯機會的強迫的制裁行為。
>
> （II.11，頁二三四，底線是原有的）

也許有人會反對，「禁止人們言論錯誤的絕對正確性不可能大於公衆權威的裁判和職掌」（II.5，頁二三〇）。這些反對者會說，當然啦，人都會犯錯，但大多數人當他相信自己是正確時，仍然有力量約束他們對人「良心上的指責」（同上）。這種力量或有運用失當的時候，因此當然會有壓抑眞相的後果。但「政府和國家在別處所造成的錯誤，卻不能被否認是執行權威時的過失」（II.5，頁二三一）。不適宜的稅收和不正當的戰爭，並不能否決政府的稅收和宣戰的權威。同樣地，對眞相偶然的抑制，也不能否決「禁止惡人妖言惑衆」的權威，儘管「我們都公然承認這是錯誤和危險的行爲」（同上）。

這些經常也來自功利主義者的反駁，正是彌爾想要認眞處理的地方，而本章的主題便是此一問題的交代。他在這裡重新思考了箝制人們言論的罪惡，當箝制者坦承他並沒有絕對辨別是非的能力。他因此相信箝制人的行爲和承認無知是相互矛盾的：「我們所謂的絕對正確性，不是對任何一種信念的肯定，而是指一種強迫給人制裁的行爲，而不給人申辯的機會」（II.11，頁二三四）。既然認知有盲點，思想和表達思想的絕對自由便是產生正當理由的信念（相對於絕對的肯定）唯一的途徑：

> 提出異議和不同意某種意見的全盤自由是我們用來維護有目標的行為的重要條件；沒有任何其他的方式可以讓人性的功能取得正當而合理的認識。
>
> （II.6，頁二三一）

全盤的自由是人類眞理能夠得到證實的唯一試金石：

> 我們最合乎情理的信仰沒有任何賴以生存的磐石，除了一種開放的立場，讓世界來判斷它是否為無稽之談。……這種肯定性多少可以從並非萬能的人類身上得到，而這也是取得證明的唯一方法。（II.8，頁二三二）

自由和開放式的討論至關緊要，最易犯錯的人也能藉此糾正他們的錯誤：「我們必須要有討論，才能知道經驗應當怎樣被詮釋」（II.7，頁二三一）。

眞理 vs. 功利

彌爾並不同意眞理和功利之間有十分清楚的界線：「不說惡人吧，即使善人也不會認爲違背眞理的信仰才是有用的信仰」（II.10，頁二三三至二三四）。換一個方式來說，最好的功利主義也會尊重合理的信仰和給他合理的自由。事實上，在功利主義替代的觀念中，思想和傳遞思想的全盤自由也是功利觀念自身能否取得合理性的試金石。在本章接近尾聲的時候，他清楚地慫恿我們來認識這種自由在「人類精神福祉上的重要性（這也是其他一切福祉賴以爲生的根本基礎）」（II.40，頁二五七至二五八）。

傷害的舉例和強調（II.11-17）

爲了指出箝制思想的事實，彌爾列舉了若干「歷史上難以忘懷的例證」，來說明法律的確曾經鎮壓過高貴的思想，而在當時卻被普遍地認爲是對邪惡和不道德的宗教和習俗理所當然的攻擊。他特別提出蘇格拉底的定罪、耶穌死於十字架，以及基督徒遭受羅馬皇帝奧利略（Marcus Aurelius）迫害的相關例子，雖然這位皇帝有足夠的智慧和開明（他甚至是一位原始基督教的信奉者）（II.12-14，頁二三五至二三七）。[1]

顯然，「時代會犯錯，一點不讓於個人」（II.4，頁二三〇）。再者，曾經遭受到迫害的信仰，一旦迭經滄桑，浩劫重生，變成新時代的寵兒後，卻會「像嘲弄者一般地」對異己的思想展開新一波的迫害（II.11，頁二三五）。在這種情況下，任何時代的人（包括我們自己）都不能「妄自恭維」，相信自己有能力預知什麼思想應該封殺，而什麼應該保存。

他們也不宜沉迷於「快樂的虛僞」（pleasant falsehood）（借用強森博士（Samuel Johnson）的話）中，幻想「眞理終當戰勝迫害」，或者私下接受鎮壓是件天經地義的事（II.17，頁二三八）。鎮壓的確是箝人之口最有效的方法：「人們喜愛邪惡往往不亞於喜愛眞理，但一點點法律或者社會的制裁，便足夠摧毀任何思想的傳播〔至少在某一階段之內〕」（II.17，頁二三八至二三九）。

紛至遝來的宗教迫害(II.18-20)

當彌爾進入本章第二部分的討論時，他回到了他基本的話題，亦即：在先進社會中，宗教和道德觀念的多元化引來了如潮的排斥。他說當代的英國雖然採用社會的輿論多於法律的制裁，但他們對不敬和不道德言論的制裁卻有出奇的效果。「屢試不爽的妙方，便是社會的羞辱(stigma)」(II.19，頁二四一)。羞辱讓人在不自覺間淪爲「莫須有的精神上的奴隸」，一種理性世界中難以承受的負擔，面臨著「沉默無言的習俗，而〔宗教和道德的〕原則不會有任何的讓步」(II.20，頁二四三)。即使許多有高超涵養的人，一旦涉及「異端邪說公平而透明的討論時，無不膽戰心驚」，不敢不假意附和，反而把這不近人情的一致性視爲人情風俗的常規(II.20，頁二四二)。

他提到自從十六世紀宗教的改革以來，直到今天危急的時代中，對思想和言論自由的鼓勵和開放，只有短暫的三個片段。他相信這期間給自我發展的鼓勵得歸功於當代歐洲先進的社會。然而很顯然地，「推動這三個階段的力量已經消耗殆盡」(II.20，頁二四三)。社會新的發展不再可能發生，「除非我們再次得到精神上的自由」(同上)。

箝制可能錯誤思想的傷害(II.21-33)

現在的問題是，箝人之口的人恐怕也剝奪了他們自己正當的理由，去相信一個容易犯錯的人會得到眞理：「不論〔這被接受的意見〕有多眞實，如果沒有經常的、充分的，和無所忌憚的討論，它終將是一個死亡的教條，而不是活生生的眞理」（II.21，頁二四三）。除非一個人能聽到反對的聲音，並且提出答辯，這人不會得到任何眞實的信仰和腳踏實地的知識。他的判斷來自權威，不來自證據。他盲目地接受了眞理，卻有如接受了「一個偏見，一個缺少辯難、未經證實的思想」（II.22，頁二四四）。然而，「這不是一個理性的人對待眞理應有的態度。……像這樣的眞理，充其量也不過是一種迷信，偶然懸掛在眞理的浮辭之間罷了」（同上）。

或許有人會駁斥，一個從來沒有聽過異己意見的人能夠「被教導去腳踏實地」（II.23，頁二四四）。彌爾承認，這種駁斥在數學上肯定是可以成立的，因爲理論的證明，便會否定合理偏差的可能性。然而在更爲複雜的問題上，包括宗教和道德，「眞理有賴〔至少〕兩種彼此衝突思想的平衡」，而這平衡的行爲大部分都呈現在「對受惠思想的評擊」，而不是一味的贊同（II.23，頁二四四至二四五）。爲了獲得平衡，我們極需聽取多方言論，並在必要時駁斥異己爭論中「最眞誠的」，這樣我們才能獲得合理的答案。他宣稱，像這樣的程序如能充分推行，我們一定能讓眞理脫穎而出，從證據中找到我們追求的信仰。

當面臨勢均力敵的爭辯時，彌爾並不同意採取「暫緩裁決」（suspension of judgment）的慣用方法（II.23，頁二四五）。相反地，他相信「那些對不同意見採取中立和公平態度的人」，可以齊聚一堂，把未經駁倒的眞理做重新的調解與論辯。此時他想到以「世事洞明」（completely informed mind）的老生常談，來獲取「扭轉眞相的事實，從而做出應有的判斷」（同上）。然而想要「世事洞明」談何容易。面對有限的證據，一個人只能用「中立和公平的態度」來聆聽爭辯者的心聲，而在可能時對他們的推理加以評論：

> 一個對道德和人性有真正了解的原則太重要了。假如所有真相的反對者都不存在，而我們又不能不假想他們的存在，那麼在給他們提供最強烈的議論時，魔鬼的辯護士（devil's advocate）將可大展他靈敏的長才了。
>
> （同上）

功利主義者的菁英？（II.24-6）

話說回來，即使自由思想和思想傳遞的過程能被理性者接受爲唯一求眞的途徑，有人還會反對，認爲這項工作應該交給「世事洞明」的菁英，而不是「一般的人士」（II.24，頁二四六）。假如我們接受這樣的辯論，我們仍然不能在社會中給理性者和非理性者之間劃開界限，而這種反對也並未涉及菁英是否有完整思考和言論自由的特質：

> 假如不是一般的人士，這些有能力解決問題的哲學家和神學家們必須透澈認識問題之所在，以及其中困擾的癥結；除非他們有自主而清楚的表態，並把自己放在最有利的立場上，否則他們的任務很難有達成的希望。
>
> （II.25，頁二四六）

但在與社會相關的階級制度中，事情並不如此簡單。如果純粹透過菁英的權威而接受一種信仰，社會大衆將無法認識什麼是眞理，更不用說眞理的意義了：「沒有經過探討的過程，信仰會失去它的地位，信仰的意義也會被拋到九霄雲外」（II.26，頁二四七）。自由的探討事實上是一種精神的鍛鍊，沒有探討，會造成心靈力量的萎縮，長此以往，一個人將不再有掌握語言意義的能力：

語言不再能表達觀念，或者只能表達一部分原有的觀念。原本光輝燦爛的觀念，以及活生生的信仰，從此變成記憶中的陳腔濫調；而更甚者，剩下的不過是一堆糟糠，其間的精華早已不知去向。（同上）

隱藏在彌爾心中的關懷，是除非這類的精神鍛鍊能得到大力推廣，能幹的政府和開明的社會都不會在我們的眼前出現，因爲社會的權力將無疑轉向勞動的大衆。沒有廣泛的自由探討，文字和觀念會失去意義，而民主也會缺乏力量，甚至可能變爲暴戾。在這同時，一個無知的群衆很容易被虛假的先知和領袖隨意擺弄和誤導。諂媚或者誘惑無知的群衆，要比教導有知識的群衆容易多了。

社會的階層和獨斷（II.27, 30）

缺少自由的討論很容易造成「死亡教條」（dead dogma）的出現，雖然仍然有人會爲它做積極的宣傳，並認眞研究它的教義。但大多數人都「被動式地」接受這種信仰：它「不過是一種心靈之外的東西，對生命中較高層次的種種影響都予以封殺和排斥」（II.27，頁二四八）。因此在一個有機時代中它似乎已經典型地變成了僵化的社會階層和一成不變的教條。

彌爾堅決相信，從活生生的信仰到死亡的教條，都是由於自由討論缺乏的緣故，而當今「幾乎所有的倫理和宗教信仰都顯示了這種弱點」（II.27，頁二四七）。在思想創始之初，創始人和繼承者無不意氣奮發，心中「充滿了希望和活力」，不惜跟任何挑釁者論戰到底。然而當敵對的意見消失後，他們也失去了激勵的力量，直到有一天變成了死亡的教條，「雖然沒有衆多人們的擁護，至少還算是個信仰或者觀念」，引不起人們由衷的興趣，其中的教義也不爲人所理解（II.27，頁二四七至二四八）。

再以基督教爲例（II.28-30）

彌爾提醒我們，下面提出來的一些例證全是基督教自身經歷過來的歷史。《新約聖經》「肯定」包含了「早期基督教」全部的意涵和精神，充分展現了他們當年的教理和爭取成爲「羅馬帝國宗教」的努力（II.29，頁二四九）。然而今天在歐洲和美國所見到的基督教卻有點異樣。他指出，今天被稱爲基督徒的人，並不眞正相信《新約》是「把活生生的信仰當作行爲指導的原則」（II.28，頁二四九）。例如，我們絕少見到有人放棄自己的財富以便成爲「有福的人」，或者愛鄰居一如愛自己（這多少有點像是共產黨的口吻）。相反地，大多數所謂的基督徒相信只要能把宗教「習俗的」（customary）要求做到就行了。「他們慣性地敬仰〔言詞上的〕指導」（同上）。然而「一旦牽涉到行動，他們會轉身去問張三李四，希望知道追隨基督該走多遠」（同上）。在商業掛帥的文化中，他補充說，大多數人的方向感和接受性都染上了濃厚的商業氣息，無條件地向他們所謂的「基督」教條低頭，認眞遵守資本主義的願望，而不是基督和他早年門徒的思想。[2]

無庸置疑地，彌爾上面的言論震驚了自以爲是基督信徒者。不過彌爾眞正的用意只是想指出即使是基督教，也無法逃開箝制言論所造成的罪惡。對大多數以信奉基督爲職志的人而言，由於缺少教義的自由討論，基督教早已失去了它的意義，一切聽命於教會的權威，來決定什麼是「基督」精神。原始基督教的道德觀，即使完全合情合理，已不再能激勵這些基督徒，他們只能把「基督思想」錯誤地使用在另一類的觀念上：「當思想不能接受懷疑，而人們開始放棄思想時，這種致命的行動便是人們錯誤的來源」（II.30，頁二五〇）。他有意刺激當代的信徒，希望他們在稱呼自己是基督徒的同時，能想想自己有沒有犯下什麼錯誤。這種自我檢討促使他們思想，並跟批評者討論他們「活生生的信仰」。在能說他信奉《新約聖經》時，他必須懂得書中的意義和立場，能向批評者捍衛書中的義理，並且拿出合乎教義的個人行爲。他認爲，在人們能辦到這些事情，找到自己眞正的面目前，人們最好暫時不要稱呼自己是個基督徒。[3]

一致同意 vs. 眞理？（II.31-33）

然而即使一個非基督徒的人也會認爲，在此一階段中出現的辯論不能廣爲接納，因爲被人們一致同意的信仰，其意義也會被「他們一致推翻」（II.31，頁二五〇）。如果沒有批評家堅持相反的意見，自由思想和討論的重要過程勢必會受到阻礙，而眞理也會隨之消散。

不過彌爾說，這個否定來得太快了。縱然辯論達到了一致同意的結果，對非洞明世事卻愛護眞理的人來說，重要的討論過程並沒有結束。全盤的思想自由可以用一種「機械的模式」，例如「蘇格拉底的辯證法」，來持續經營，而精明的魔鬼辯護士這時也會變成稱職的批評家了（II.32-3，頁二五一至二五二）。

箝制部分正確意見的弊害（II.34-6, 39）

彌爾在他最後一階段的議論中思考了第三種案例，「比前二種都更爲常見」（III.34，頁二五二）。在這個案例中，被箝制的意見並不完全正確，也並不完全不正確。事實上，那是一種從旁人口中聽來的意見而自以爲是眞。箝制這種言論的「特別罪惡」，是在把公認的罪惡，亦即不管是非黑白的心態，結合旁人不顧立場的言論，而不去追究其中的意義。

他認爲這種情況的討論幫助了他澄清一個他最關心的實際問題，亦即，許多不同宗教和道德原則的容忍性。

流行的意見常有偏見（II.34）

彌爾相信，一些所謂「不近人情」的既有意見雖然被人接受，卻常常是片面的，也只包含部分的眞理，因爲含有部分眞理的異端思想總會被時代所箝制。對他來說，在不可避免的社會改進中，歷史並不是一個贏家；事實上，不同的信仰爭奇鬥豔，此起彼落，永遠不會停止：

> 應當給社會加分的改進，常常充其量只不過給真理帶來了部分且不完善的取代；像這樣的改進，比起舊有的真理來，存在更多的缺陷，也參和了一些時代的新需要。
>
> （II.34，頁二五二至二五三）

眞理和包容（II.34-6）

在較爲複雜的既有觀念中（包括宗教和道德），即使是異端邪說的思想也不無小補，對一般人來說，都「應當加以珍惜，儘管其中參雜了謬誤和混亂」（II.34，頁二五三）。當人們用心觀察道德或政治種種不同的面貌時，應當心懷感恩於那些可能是一面倒的思想，以及企圖「推翻」「約定俗成」的信仰，而「強制性地把自己的思想以不同的形式和額外添加的成分放在他們的身上」（II.35，頁二五三）。

作爲一個明顯的實例，他指出盧梭（Jean Jacques Rousseau，一七一二至一七七八，法國哲學家）對十八世紀歐洲既有思想所做浪漫的攻擊，的確使當時的民風和文化起了其他社會中不可能出現的啓蒙現象（同上）。另外一個例子則說明了在一個自由競爭的政治系統中，如果把政治意見維持在「合理而健康的範圍內」時，便能產生廣大的福利功效（II.36，頁二五三至二五四）。

全盤言論自由便是功利主義思想（II.36, 39）

更廣泛地說，彌爾再度強調了他全盤言論自由的話題便是民衆可以取得推理、維繫和了解問題能力的「唯一」方法（見 II.6-10, 22-3, 31-3）。全盤自由的重要，是因爲我們無法盼望大公無私的觀察者，會在沒有自由的環境中像魔術一樣地乍然出現：

> 真理，尤其是在攸關生命的關懷中，經常都充滿妥協和讓步，很少人有足夠的力量和公平的心態來做合理的調和，以致最後總是從兩廂對壘的鬥士手中取得一個草率的解決。
>
> （II.36，頁二五四）

彌爾的念頭絕非幻想，全盤言論的自由會自然而然地導致鬥士們去抓緊思想中種種不同的層面。他說，「我承認即使最自由的討論也不會治好門戶之見的毛病，且會有刺激和惡化的作用；一個應當被看見卻尚未被看見的眞理，會被人大力排斥，因爲它的提案者便是它的反對者」（II.39，頁二五七）。它的代價雖高，它「草率解決的過程」正是功利主義的思想，因爲對大公無私的人而言（包括那些想像中的鬥士們），這便是取得眞理和維持眞理生命的唯一途徑：

這種意見衝突所產生的有利結果並不來自熱情洋溢的同黨人士，而是來自心平氣和冷眼旁觀的局外人。真正可怕的罪過也不是思想之間猛烈的衝擊，而是在這爭執的過程中，一半的思想已經遭受到的無言的壓制。……由於精神的品質比法律的功能更為罕見，我們只能在分歧的問題中冷靜選擇其一，雖然其中之一早已得到護衛者的宣揚，而真理如能真實地顯露它的每一面貌，讓它的意見能落實在具體的問題上，真理不僅會有人為它辯護，還會得到人們的支持和接納。（同上）

基督教道德信仰的重要案例（II.37-8）

然而有人也許還會認爲某些被大衆接受的信仰，例如基督教，多少有點與衆不同，因爲在至關緊要的道德觀念上它們包含了「全部的眞理」。這種論調把彌爾又帶回到全盤思想自由的原則上：「既然這個原則在實踐中有如此的重要性，它無疑是自由最好的試金石了」（II.37，頁二五四）。他的策略是把基督教的教義當作部分的眞理來看待，因此一個完美無缺的道德觀（不論是功利主義的還是其他的）都必須加以修正，並且還得增添若干非基督教的成分。

我們首先要過問的，是所謂「基督教的道德觀」究竟是什麼？彌爾認爲，假如它指的是《新約聖經》的箴言，那麼它肯定只代表一部分的道德眞理：因爲「福音書所提到的都是一些早已存在的道德，而且把它約束在尙待修正，或者期待獲得更寬廣的道德觀上」（同上）。唯有把這些相關而「早已存在」的道德規範解說清楚，基督教的道德觀才算完成。不過經過通常的蒐證，包含有如《舊約聖經》中的規範，或者希臘和羅馬的資料，「許多地方還保留著野蠻的作風，甚至（有如聖保羅所示）毫不含糊地支持了奴隸的制度」（**II.37**，頁二五四至二五五）。當然，好的典章不是沒有，事實上，「基督的言教」便足以構成「道德所能包容的一切條件」（**II.38**，頁二五六）。但這並不能改變基督教的道德原則在本質上「只包含部分眞理的事實」（同上）。[4]

假如「基督教道德觀」意味著從早期天主教逐漸發展出來而經過「現代人和新教徒」隨後修飾的「神學道德觀」的話，那麼部分由於它與《新約聖經》的箴言大不相同的事實，「它也……不夠完整，也是局部性的」（**II.37**，頁二五五）。彌爾肯定地說，「人們應該感恩這個（所謂的基督教）道德觀」（同上）。然而，「從大體上來說，那只是對異教徒的一種抗議」，他們需要用異教徒所包含的部分眞理來修補和完成自己的不足：

> 他們的理想是負面的，不是正面的；是被動的，不是主動的；是幼稚的，不是高貴的；是對罪惡的迴避，不是對善的追求。……他們的教義在本質上是消極的服從；對一切既有的權威他們宣揚屈服；對宗教的禁忌他們不一定需要遵守，但不論我們受到多少傷害，我們不能反

> 抗，更不必說背叛他們了。（同上）

一個完備的道德觀必須接受所謂異教徒的思想，比方說「國家的責任」以及服務大衆的美德和榮譽（II.37，頁二五五至二五六）。

不完備的神學道德常常蔑視了法治的義務，在尋求美德的動機時，總把眼光放得老遠，反而把今生當下忽略了。這樣做時，他們無異在：

> 把人類的道德賦予一種基本上自私的特色，排除了人人都有的民胞物與的責任感，除了給他們提供一個完全自私自利的誘惑（有如天堂的寄望和地獄的威脅）。
>
> （II.37，頁二五五）[5]

他相信甚至《新約聖經》也大規模地忽視了政治領導者和市民們對法治觀念應有的關心。[6]

不管我們怎樣界定，彌爾認爲假如我們希望得到一個從任何角度來看都完美無缺的合理道德，基督教的道德觀必得加上一些非基督教的考量：「基督教的體系也不能例外，在並不完美的人類心靈中，眞理需要多種意見的結合」（II.38，頁二五七）。所謂的基督徒所堅信的「完美無缺的行爲指南」，與基督教義正好相反，「是個絕大的錯誤」，也是一個「嚴峻的罪惡的開始」（II.38，頁二五六）。不到異教的成分能替基督教取得更多自由的空間，他擔心在大多數人的心中「將會造成，甚或已經造成了，一個低下可鄙的奴隸式的個性」（同上）。宗教思想和討論思想的自由便是一條避免這種憂慮的捷徑，否則異教的思想也會因此而煙消霧散：

> 假如基督徒執意要教導不信神的人去接受基督教的思想，他們自己便犯了不信神的人的錯誤，罔顧事實，不能維護真理。……大部分最崇高、最有價值的道德教訓不僅來自不認識基督教的人，甚至還來自認識基督教但拒絕了基督教信仰的人。
>
> （II.38，頁二五七）【7】

自由的思想表達必須公正適度嗎？（II.44）

在深入探討不受外力干擾的意見陳述時，彌爾簡短地提到一個異議，亦即在全盤自由表達過程中，「態度適中，不超越指定的範圍」是唯一一個必要的條件（II.44，頁二五八）。這種公正而適度的要求，在我們自己的時代中也曾經以一種政治自治的要件而得到過再生的機會。人們在表達自己的意見而受到「有備而來的強烈」攻擊時，他們責怪的往往是對手處心積慮的越軌行爲。

甚至更重要的，是法律懲罰（legal penalties）或者羞辱（stigma），如果牽涉到矯飾的詭辯，異議的打壓，事實的誤導，或者給對手眞相的扭曲等等，這些「可悲的」不公，都已不再能有效地予以制裁（同上）。問題在於人們幾乎「從來便習以爲常地我行我素」，常在無意中傷害了他人的利益。至於那些採用「猛烈的評擊，諷刺的語言，人身的毀謗」這一類的手段，這些原本有利於自我防禦的武器，有些當政者已不再認爲有用來教訓群眾的必要了（II.44，頁二五九）。總而言之，法律和羞辱對出言不遜的意見傳遞，「已完全失去了應有的效應」（同上）。

「眞正公開討論的道德」，他強調說，涉及個人的言論和與此言論相關的行爲是否前後一致。全盤的自由應當給予言論的內容和表達的態度，雖然我們通常都知道，思想的表達並沒有清楚地被納入自主行爲之內。因此觀察者必須給自己培養一種能力，既能知道見發言者所說的話，又能明白他說話時的心態。在這同時，他還需要做出判斷，此人是否有詐騙對方，或者蓄意誤傳對方話題的企圖。

進階閱讀建議

思想和思想討論自由的議論，彌爾可謂登峰造極。他的理念，對自由主義者來說，至今還有很大的影響。至於他功利主義的觀念，大體上已經被人捨棄，其中也不無難於同意和可議的地方。相關的著作甚多，例如 C. L. Ten, *Mill on Liberty*（Oxford, Claredon Press, 1980）, Chapter 8; Thomas Scanlon, 'A Theory of Freedom of Expression', *Philosopy and Public Affairs* 1（1972）: 204-26; Scanlon, 'Freedom of Expression and Categories of Expression', *University of Pittsburgh Law Review* 40（1979）:519-50；以及 Cass Sunstein, *The Partial Constitution*（Cambridge, Mass., Harvard University Press, 1993）。

在這同時，我們也應記得，彌爾承認「表達和出版」的行爲並不是眞正自主的行爲，因爲它們常會有傷害旁人的危險（即使只是無意地在言辭中誤導了人們的理解和意願）。像這樣的行爲，顯然不應該受制於自由原則的範疇，因此也不屬於全盤思想自由的純粹自主行爲的一部分。不過他處置的辦法是，這些行爲與思想的本身已經「牢不可分」，因此它們「幾乎應當」給予絕對思想自由的保障。對內容或者傳遞方式的干擾看來絕非權宜之計，即使社會有合法的權威指控它爲干擾。

另一個有趣的問題是——社會的情況，有如今天的英國和美國，已與彌爾的時代大不相同，它會不會合理地改變彌爾的思想，讓他接受公衆意見傳遞干擾的權宜之計呢？例如今天普及的電影、電視，以及無遠弗屆的網路，雖然都不是他所熟悉的情況，他也許也會給檢察官某種約束，在視覺媒體中禁止過分的暴力和色情，以及限制種族偏見的網站吧？公衆媒體遭到查禁的問題顯然是傷害風化和不法行爲的重複現象。然而不幸彌爾在《自由論》中卻沒有把這些問題交代清楚。在下面的第六、八、九章中，我會再度回到這個話題。

第四章 《自由論》/〈論個人意識作爲幸福的要素〉（III.1-39）

行為自由的依據（III.1）

一旦把問題定位在思想表達的絕對自由上，彌爾下一個步驟將是考慮「是否人們並不需要用同樣的理由來自由表達他們的意見」（III.1，頁二六〇）。他的答覆是：「沒有人會認爲行動可以跟思想一樣的自由。隨後他提醒我們說，即使思想的表達在某些特定情況下會受到法律和社會的約束，所以純粹自主行爲的分類方法在這裡顯得不很合理了（同上）。明確地說，在少數案例中，「有明顯教唆意圖」的暴力、騷擾，或者其他的破壞行爲，它們的表達已不再能合理地稱爲對人無傷。雖然如此，「幾乎」所有的表達都應當合理地屬於純粹自主的行爲；下面的這種行爲，他認爲也應當以同樣的理由被人接受：

> 假如（有這樣一個人）從來不做騷擾他人之事，他的一切行為只牽涉到自己的好惡和判斷。根據思想自由的道理，這人應當被容許付自己的代價而完成自己的理想，只要他不傷害任何其他的人。……人類並不完美，如果不同的意見可以彌補我們的缺失，那麼不同的生活經驗應當也有這個好處；因此我們必須接受多元的個性，只要它具有不傷害他人的條件。
>
> （III.1，頁二六〇至二六一）

就推廣而言，絕對的自由應當被視爲一種公理而得到保障，尤其是當涉及無害於人的自主行爲時。

個人意識和幸福

以思想和思想討論的自由來類推，行動自由的爭取對任何個人都極爲重要，但作爲一種多元化的眞理，個人也需要時時肯定自己的價值，也就是自己的天性或品質。至於如何取得自己的價值，唯一的途徑應就是眞誠的思想和表現，並在行動時「不傷害他人」。在衆多的現象中，遵循自己的判斷和好惡，一切出於個人自主的選擇，便是彌爾所認爲「個人意識」（individuality）最合理的元素，它跟個人的「自我發展」（self-development）「幾乎是同一回事」（III.10，頁二六七）。既然如此，他說，因此「最好的辦法便是」

> 在一切與他人不相干的事件中，個人意識應該有能力維護自己的權益。當個人不能做主，而以大眾的傳統和習俗取代時，我們需要考量的是人類幸福的首要條件，這也是個人成長和社會進步中最重要的條件。
>
> （III.1，頁二六一）

彌爾本章的主旨在讓我們認識個人意識的崇高價值，同時也說明了自主行爲全盤自由的實現爲何如此的重要。

一個曖昧的地帶

在繼續這種討論之前，我們似乎有必要稍作停頓，重新打量彌爾在這一階段上所遺留下來的一些疑雲。雖然在全書最末一章中他有所澄清，而且也暗示了他將掃清這些疑雲的決心，然而這些疑雲至今仍在人們的心上，揮之不去。問題是這樣的：彌爾已經完全承認，一個人因爲自己的思想而採取行動時，他的自由等同於思想的傳遞。然而我們卻知道，思想的傳遞在彌爾的自由原則中，是屬於常軌之外的，換句話說，「傳遞」事實上是一種「對人」（**other-regarding**）而不是「對己」（**self-regarding**）的行爲，雖然它可以牽涉到他人，也可以被合法地予以制裁。只要不危害他人，它「幾乎」永遠都可以合理地歸屬於「純粹自主行爲」（**self-regarding action**）的範圍。然而問題來了：自主的行爲不是屬於「對己」（而不危害他人的）「非常簡單的原則」之內嗎？或者說，它雖是一個「對人」的行爲，卻不把它當作「對人」的案件來處理。這不就是說，雖然這行爲有些對人不便，而法律的管制也不盡相宜，故只好採取放任政策了嗎？我們該怎樣解答這些棘手的問題呢？

假如說世上並沒有眞正自主的行爲，那麼這個簡單的自由原則根本上便形同虛設，因爲我們勢必要等待（並不很簡單的）功利主義來替我們衡量，才知道哪一種「對人」的行爲應當「幾乎」可以當作「對己」的行爲來處理。從另一方面說，假如世上眞的有絕不危害他人的行爲，那麼做這種行爲的人應當有絕對的自由爲所欲爲，不管社會對這些行爲的後果有怎樣的看法。然而這些行爲究竟是怎樣的行爲呢？行爲的界說便糾纏不清，而令人困惑的「危害」一詞，彌爾也從來不做解釋，好像漫不經心似的。如果我們只取本章開頭的數頁爲例，他所提到的「危害」（harm），常常遊走在「惡作劇」（mischief），「騷擾」（nuisance），「戲弄」（molestation）等等語辭之間（III.1，頁二六〇至二六一）。

儘管有這些曖昧，儘管它們籠罩全書直到最後一章，我們仍然應當尊重彌爾的推論，相信他思想的自由和傳遞思想的自由「在大體上並無差異」，因爲恰如他所說，思想確實是一種自主的行爲。這樣看來，在現階段上，他的兩種自由在推理的形式上並沒有顯著的不同。由於此時他的焦點正集中在個人意識作爲幸福成分的話題上，也許爲了行文的方便，也許還有其他的理由，總之他決定暫時停止這一問題的討論。

自然行動的價值（III.2-6）

彌爾首先提出了「個人自動自發」（individual spontaneity）的「內在價值」（intrinsic worth），因爲他感覺到，不論對這些慣見思想的批評者，或者在這些思想的實踐過程中，這都不是一些容易察覺到的事實：

> 當大多數人習慣於某種行為的模式時（其實他們自己便是這模式的創造者），他們很難理解

為何這種模式不能適用於一切人；再說，個人自然的行為也不會帶來習俗中有關道德和社會改造那一類的觀念。

（III.2，頁二六一）

他舉出洪博特（Wilhelm von Humbolt）的一個特例。他讚美洪博特把天性和學力視爲「人類終極目標」（the end of man）的理念，換句話說，就是天賦的才能加上教養的全德，「讓人的力量得到最高也最和諧的發展，成爲一個完美而堅實的整體」（同上，洪博特的引文見 Von Humbolt, 1969, p.16）。這段引文充分說明了稟性和教養的結合是個人理想的極致，也是個人無上的榮耀，足以達到天性最高的境界，而這整體的美德也能在互相激盪中取得難以估量的成就。[1]

彌爾在隨後的議論中試圖說明他所褒揚的全德，以及它爲何能夠構成一個「言行一致的整體」。事實上，這個嘗試把他再度帶回到早期的主張，也就是基督教的（和柏拉圖式的）「被動服從」的思想，應當跟非基督教（即異教徒）自我肯定的生命理想結合在一起（II.37-8，頁二五五至二五七；參閱 III.8-9，頁二六五至二六六）。在這同時，他還談到自我肯定的實用價值，一如自由的本身，都能給人從心所欲的自由。自由的重要不單在保證全德的發展，它還是自我發展時必要的條件，以及培養和尋找生命理想時必經的過程。

他用了不小的篇幅說明他所謂絕對自由的選擇在不傷害他人的情況下，如何對個人意識的發現和培養有極爲重大的意義。我們不能盲目地跟隨大眾的習俗，也不可以閉上眼睛，不看他人的經驗。至少在不涉及傷害他人的情況下，每個人都得有自己的意志，給自己做必要的選擇：

人類的基本功能，無論是理解力、判斷力、辨別是非的感受力、精神的悟力，乃至道德的傾向等等，無不要讓人得到一個心安理得的選擇。一個依賴習俗而行動的人〔不用自己的判斷和本性〕，等於沒有選擇。

（III.3，頁二六二）

正如思想和思想的討論需要不受拘束的自由來找到自我的天地，維護自己合理的意見。同樣地，為了爭取並執行自己的享受、欲望，和貫徹自己生命中的主張（至少在自主行為的範圍之內），也應當有不受拘束選擇的自由。

心靈和道德的力量，一如我們身體上的肌肉，愈加使用，愈加健壯。種種功能，如果只看旁人使用而讓自己停頓，無異是用他人之心，來表白自己的心。

（同上）

服從社會法令的價值（III.3-6, 9, 17）

不過他對自由和自然的高度讚美，並不會讓我們忘記了在「人類終極的目標」中他所認爲含有至高價値的另一成分，亦即個人幸福（personal happiness）所代表的最佳概念。他解釋說，像這樣理想的天性，由於涉及人類力量和才能「既完美又表裡一致」的配合，能和諧地運用服從社會法令的天性（其目的在防範，或者至少控制對人不法的行爲），同時也包容了思想和選擇的自由而不違背個人的判斷和願望。

他還強調說，個人意識應該適當地「培養對人的權限和利益的尊重」（III.9，頁二六六）。雖然「抑制」若干個人的自然行爲有時「也有必要，以便防止強勢之人對他人權益的侵害」（同上）。不過他指出，社會抑制是可以得到合理化的，縱然我們對「人類的發展」（human development）有所限制，因爲這種抑制仍然容許個人（包括弱勢之人）培養自己的意識而不必擔心對人的侵害。事實上，即使行爲者本人，站在「自我發展」的立場上來看，這種制裁還是說得過去：

> 即使他自己在天性中也具備了改善自己的力量，足夠察覺到過分的自私必須受到制裁。為了恪守公正待人的法規，他會接受並且感受到造福人群正是人類共同的目標。
>
> （同上）

這種觀念很能幫助人們（包含強而有力者）順利走上理想的道德之路，還能強制性地（在必要時）讓人接受和感受到造福人群的善意，至少不包含侵害他人的可能。至於那些個人，「當他們的行爲並不影響造福（人群）的企圖，而只由於他人的不滿而遭到制裁時，則是毫無意義的事情」（同上）。

這樣一來，在理性的個性之內，遵守社會法規的自我約束（self-restraint）已經和自主行爲中的自我肯定（self-assertion）密切合而爲一了。

自我肯定並非自我改善唯一的來源（III.5, 17）

有關自然和人爲法治之間取得適當的平衡，彌爾在其他的地方也有闡明。例如，他認爲在自主生活中學習自己和他人的經驗，也能清楚知道何種要求和推動力更能符合自己的天性。當涉及強化意志，降低或拋棄某一類型的欲望時，如果他們確實知道這種改善對他們有利的話，人人都有自我改善（self-improvement）的本領。然而自主生活的自由，雖然在道德和生活規劃中有助於改善，卻不是改善的唯一途徑：「改善的精神並不等於自由的精神，因爲它有強迫無心改善的人進行改善的可能」（III.17，頁二七二）。不過更恰當地說，有時改善也需要一點強制，以便讓頑強的人也能接受法令，而不做危害他人之事。

與此觀念一致，彌爾並不鼓吹「對人」（other-regarding）生活經驗的自由，因爲他顧慮到涉及旁人的權利和好惡時可能發生的衝突。相反地，他呼籲理想道德的天性必須在欲求和推動力之間取得「適當的平衡」：

唯有當失去道德的平衡時，強烈的推動力才會出現危險；也就是說，當一方面蓄意擴充自己

> 的勢力，而另一方面為了遵守和平共存的理想，卻在靜態中保持了自己的弱勢。人並不會因為欲望強烈而行為失序；人的敗行，是良心（conscience）的虛弱。在強烈的推動力和虛弱的良心之間，我們找不到自然的聯繫（natural connexion）。自然的聯繫應當別有所指。
>
> （III.5，頁二六三）

他給這種強烈欲求和推動力的結合取了一個名字叫「能量」（energy），他相信只有在強而有力的自我管轄（self-government）之理性意志（rational will）中這種能量才會產生（III.5，頁二六四）。堅強的良心，換句話說，見義勇爲的衝動，便是它最關鍵的要素。

強制有時能幫助良心的成長

爲了將自我發展導向正常的道路，社會必須鼓勵個人爲他自己強烈的欲望和推動力找到「適當的平衡」。首先，社會需要讓人在他自主的生活中有充分發揮的空間：「適當的平衡」很難在其他的地方找到合理的答案。不過在必要時，社會也可以合法地強迫人們去遵守法規。至於那些故意或者不願意約束自己的人，法律的懲罰或者社會的約束也會有些用處。當單單的強制不能讓人有良心的自覺時，這些辦法當然只好取而代之了。

守法和個人意識

在爲社會法規做權宜之計時，我們發現守法和維護個人意識之間好像並無必然的衝突。人人都應當有思想的自由，也要有恰當選擇自己生活的方法，不能盲目地追隨在別人之後，亦步亦趨。但這並不是說，當他深思熟慮後，他便不能仿效他人了；只要他遵守既有法規，不侵害他人，學習模仿，又有何不可？事實上，他應當無條件地服從既有合理的法規和習俗（即使他相信有些法規還有修正的必要）。他應當無條件地運用自己道德意志的能力（雖然還有待開啓），消弭若干欲望和衝動，避免在不合理的情況下危害他人的利益。他應當無條件地擴展自己的能量，認識自己有隨時傷害他人的嚴重性，也應當無條件地強化自己的良心，或者說，培養見義勇爲的意願，從而尊重他人，承擔納稅的義務，比方說，同時也適當地「縮小」自己行爲的範圍。然而，即使程度上不到此人必要的意志力量和個性（或稱行爲的習慣）承受的範圍，他仍得接受法律的約束，避免犯錯的可能。

在必要時，社會的確可以使用法定的權威來干預個人不當的行爲，不論習俗會有怎樣的權宜之計。人都會犯錯，也沒有人知道怎樣才是合理的懲治，儘管方法還有討論的餘地，人們依舊不能不暫時遵守合情合理的既有教條。這並不是說，人們必須同意一切現有的成規（更不用說自主的行爲了），或者此人必須在沉默中盼望社會的改善。我眞正的意思是，社會雖有法定的權威懲罰違法之人，卻沒有法定的權威來干預純粹自主的行爲。

其實，即使是自主的行爲，個人也不能不考慮從年少時代便學到的「傳統和風俗」，因此不能不知道「在過去的經驗中，什麼是可以模仿的榜樣」（III.3，頁二六二）。當然，這些風俗習慣的本身便隱藏了傳統的教訓。一如彌爾所說，「假裝自己一無所知，或者硬說這是生平第一遭，都是絕頂可笑的事」（同上）。同樣道理，任何一個懂得自我改進的人，在不危害他人的情況下，當然便得享有絕對的自由。

個人性格最理想的模式（III.5-9）

面對壓抑和遵守法令的生活，彌爾強調自由和個人意識的重要，反映了他對「適當平衡」被破壞的憂慮，尤其是情況日益惡化的當今時代：「我們的時代，不論最高層次還是最低層次的社會，沒有人能逃過敵意的眼光，沒有人不生活在可怕的禁令中」（III.6，頁二六四）。在「有些早期的社會中」，情況更為不利：「社會幾乎抓住了每一個人的要害」（同上）。即使只跟自己有關，人們只能被動地跟隨在習俗的後面，不敢有創新的意圖：「我不是說他們只選擇習俗而放棄本性。他們根本就沒有所謂的本性，一切都聽習俗的殺伐」（III.6，頁二六四至二六五）。再說，一如放棄思想和討論思想的自由會導致個人立場和思想的消失，放棄自己的選擇和生活也會讓人對習俗產生依賴性，因為他們已不再知道什麼是自己的本性了：「他們的本能遭到萎縮，如同受到了饑荒」（III.6，頁二六五）。

彌爾認為過分的自我否定（self-denial）耗損了所謂基督教最高道德理想（今改稱為「喀爾文原理」（Calvinistic theory））的品質：「所有人們能夠做到的善良，都被包裝成為服從」，不論是服從神的意旨，還是假冒神靈爲名的權威（III.7，頁二六五）。他認爲這種情況與早期宗教在道德理想的容忍性上相互的競爭和排斥有關：「從這詭異的情況中，產生了一種強烈的趨勢，亦即把生命視爲狹窄和困苦，再不然便是冥頑而不靈，因此極需宗教的恩惠」（III.8，頁二六五）。這種基督教的觀念雖然也有部分的眞理，但至少在服從之外，它還得有點道德最高的理想作爲條件。

特別說來，自我肯定當然也有它的價值，不能只看見服從的重要：「異教徒的自我肯定」就是人類價值的條件之一，其意義至少與「基督徒的自我否定」相當（III.8，頁二六六；引文來自 Sterling 1848, I，頁一九〇）。他指出的一種「希臘理想」（Greek ideal），便清楚包含了這些不同層面的眞理，而把它組合成爲一個「完美而一致的整體」。由於他曾提到培里克利斯，他所強調的希臘理想因此也可以稱爲培里克利斯理想（Periclean），他顯然包含了自由和自然在自我管轄的範圍內恰當的平衡，突顯了在服從法令的同時個人應有的自由選擇。不僅如此，培里克利斯理想也預料到了個人自主行爲的範圍，而在這範圍之外也配合了社會法令合理的要求。

無庸置疑地，這種「希臘理想」的實質並非「柏拉圖式」的空中樓閣，因爲彌爾曾把「自我管轄的基督理想」稱爲柏拉圖式（III.8，頁二六六）。更恰當地說，培里克利斯理想有時也可稱爲亞里斯多德理想，儘管培里克利斯在雅典的黃金時代，已隨著公元前四三一年的比羅奔尼蘇戰役而結束。亞里斯多德生於公元前三八四年，當時培里克利斯去世已半個世紀。這個理想也未嘗不可以稱之爲蘇格拉底式，因爲他與培里克利斯是同時代的人物。然而彌爾畢竟用了培里克利斯的名字，其主要的理由在他看來，是培里克利斯在一場著名的葬禮演說中預言了自由的到來（見Mill, 1853, pp. 33-4；詳細討論見Riley, forthcoming b, 結論篇）。

彌爾鍾情於培利克裡斯的另一理由，除了他是一位偉大的政治家和演說家外，還做了一些讓彌爾樂於稱道的「自主行爲」。在本書第一章的《通論》中，我們曾經提到培里克利斯和一位非雅典人的異國女子阿施帕西亞（Aspasia）有過戀情，並公開任命她爲政治和思想上的幫手。她一度也是蘇格拉底的老師和知心的密友。事實上，她似乎曾經鼓吹過親密而平等的人際交流（不分同性和異性）。然而她不尋常的身分，作爲一個沒有社會地位的女性，卻被培里克利斯和蘇格拉底百般愛寵，讓她背上千古罵名，人們認爲這樣的角色是妓女、男人的玩弄者，甚至成爲另一個特力城的海倫（Helen of Troy），能呼風喚雨，製造戰爭。一如蘇格拉底，她也被譴責而定罪爲「褻瀆不恭」（impiety），幸而她最終的審判是宣告無罪。不過從希臘歷史學家普魯塔克（Plutarch）的記載中，我們知道那是培里克利斯在法庭上帶淚求情的結果。也許更重要的是，這一段歷史讓彌爾聯想到自己鍾愛的哈麗葉，以及他們二人由於非傳統的愛情所引起社會上的敵意和風波。

功利主義和自由的平等權力（III.10-19）

隨後，彌爾用功利主義的理論形式解釋了個人絕對自由的權力，是如何在自由表達和自主行爲的選擇中肯定自己的判斷和好惡。

自我發展和眞正的幸福（III.10）

如果有人想爲自己的感受找到合理的支持，或者知道何種欲望和衝動需要加強，何種需要降低，以自由爲重的功利思想在自主行爲的天地中提供了最清楚的答案：「自我發展」是一個關鍵。而凡是懂得自我發展的人也都知道，自由選擇是取得理想道德品質的第一步，其中蘊含了眞正幸福的合理支持。

自主行爲的全盤自由是功利主義最佳的考驗，一如思想自由是他們自由信仰的保證。尤其是，如果每一個社會公民都有尋求自我發展和自由的意願，那麼自主行爲的自由平等權將會大大幫助社會的發展，不會造成對人的不便。

不過彌爾知道，並非人人都重視自我發展和自由的價值，因此

> 〔對一個功利主義者而言，〕我們得持續努力來證明已經發展〔和獲得幸福〕的人對那些未經發展的人確實有輔助的功效——也就是說，讓無心尋求自由和享用自由的人知道，他們聰明的理解已在無言中把自由的好處昭示給人們了，而沒有增加人們絲毫的負擔。
>
> （III.10，頁二六七）

他提出至少下列四個重點來告訴那些「未經開發的人」，亦即社會大眾，讓他們知道他們的宗教已被商業社會的精神所取代，不再有培里克利斯自我發展的崇高理想了。

改善社會習俗和實踐（III.11-12）

首先，「他們需要盡可能地加強學習」（III.11，頁二六七）。縱然他們沒有自由徵詢和探索的習慣，他們仍然會在新思想（包括新的生活風格）中受惠，而這些新思想一旦得到實踐，也會蔚爲風氣，有如已經開發者的經驗，變成新的習俗：

> 我們不僅需要有人替我們發現新的真理，指出舊有的真理已經過時而失效，還要他們替我們開啟新的實踐，把富有啟發性的言行，和高水準、高理性的生活做成新的榜樣。
>
> （同上）

換句話說，我們永遠需要的，是那些對自由懷有熱情的人，能時時爲社會大眾指出哪些「非習俗所容的思想……現在可以成爲新的習俗了」（III.14，頁二六九）。這不僅實用於對己的行爲，讓自己懂得尊重自由是一種當然的習俗。它也實用於對人的行爲，例如把他人的利益和權利視爲新的信念，而涉及對人的傷害時，能接受恰當的制裁。

無可否認，社會大眾中只有少數的個人願意吸收新的眞理。由於我們不能事先知道誰才是「大地的菁英」（salt of the earth），也不能確定怎樣的「自由氣氛」（<u>atmosphere</u> of freedom）才最有利於他人的生存（III.11，頁二六七，底線是原有的）。因此，自主行爲權力的平等觀需要放在任何人的身上，讓他們依照自己的判斷和好惡，「各盡其能」。否則的話，即使是實踐中的眞理也會逐漸地失去意義，在不置可否的社會大眾眼中變成一文不值：「而最可擔憂的，是連最好的信仰和實踐也將淪爲毫無生命的機械」（同上）。

更有效率的政府（III.13）

其次，「未經開發的個人」在一個沒有開發者的團體中，是不會期盼更公平、更合理的政府出現的。彌爾相信，「庸俗」（mediocrity）便是「人類最占優勢的力量」：一無深度的公眾意見，從庸俗不堪的人們口中，透過大眾傳播的媒體，涌泉般的噴向人群，變成了每天政治的聲浪，假借民主之名，而行商業化之實（III.13，頁二六八至二六九；亦見 III.18-19，頁二七四至二七五）。爲了抵制這種變化而促進更有效的政府，我們必須培養有實力的菁英，具備全盤的自由，來給社會做必要的宣導和利誘：

> 無論是民主還是許多的貴族政府，……他們從來不能超越庸俗，除了一個我們當今的君主立憲國。大多數人都願意（也心悅誠服地）讓一個或寥寥可數的幾個聰明人，給他們權力牽引和影響著我們。
>
> （III.13，頁二六九）

他強調說他並不贊同卡萊爾（Carlyle，一八四一）所標榜的「英雄崇拜」（hero-worship），「讓一個天才人物攫取權力，而用於脅迫群衆聽命於他的理想」（同上）。不同於脅迫，一個已經得到發展的人只需要有一點「自由的概念來開導他」就夠了（同上）。他的思想看來很接近柯勒立芝（Coleridge）的「牧師式」（Clerisy）概念，亦即一種屬於國家的組織，但獨立於政府之外，結合了知識分子、牧師和大學教授的力量，而作爲全民（甚至政治領袖們）貼身的朋友和知識的來源。[2]

廣義來說，他相信如果要「突破」對群衆的獨裁，最好的辦法是在社會中鼓勵「特殊優秀的人」，在不給人任何不便的情況下，跳出人云亦云的窠臼。如果我們能夠脫離衆說紛紜的衆議，我們可以更了解所謂的大衆信仰，原來不是超越，而是庸俗；原來不是公平，而是投人所好。一個政府是從這些不苟同於世俗的言論中呈現出它的效力：「在今天的時代中，不對世俗讓步，不向習俗低頭，就是給自己最大的服務。因而很少人敢故弄玄虛，製造時代顯然的危難」（同上）。

多樣化勝於強制的規律（III.14-16）

在自主行爲的領域中，尚未得到發展的個人需要有自由的空間，其第三種理由是，他們和經過發展的人一樣，都會在不受約束的行爲規範中感受到更多的幸福：「一個擁有生活經驗和普通常識的人，懂得怎樣給自己的生活做最好的安排。不是因爲這樣最好，而是因爲這才是他自己的主張」（III.14，頁二七〇）。人有不同的品味，「也希望有不同的環境來幫助他們做精神上的發展」（同上）。爲自主的行爲設定一套常軌，將永遠不能有效地處理多樣化的生活：

> 由於人們對快樂和痛苦有不同的感受，對物質和道德的問題也有不同的處置方法。除非我們在生活中找到了多樣化的原則，我們既不能分享人們的快樂，也不能盼望有一天達到人們精神、道德和審美觀的同等境界。（同上）

再者，在這種情況下達成的規章，肯定不會有任何防範侵害他人的嘗試。

從這裡，彌爾再度回到他宗教排斥性日益囂張的話題，相信目前的社會大衆已經默認了自己只能有溫順或者脆弱的欲望和衝動，其情況「較任何一個早期的時代都更糟」，「不論是明言還是暗示，他們的標準是：放棄強烈的欲望」（III.15，頁二七一）。他顯然歸咎當時所謂的基督教運動有意把自我否定的要求擴大成爲行爲全盤的指南：

> 它們理想中的特性，是不再有任何可以稱道的個性；用強制來做摧殘，一如過去中國婦女的小腳，就是一種將人類天性中任何一個突出的部分都給壓平，同時將差異化為平凡。（III.15，頁二七一至二七二）

異教徒自我肯定和生活風格的多樣性也一掃而空。人人都服從社會大衆的意旨，給自己一個清一色的殘障面貌。而那面貌，說穿了就是「服從」，也就是「柏拉圖式的和基督教的……自我管轄」，完全符合社會法令的要求（III.7-8，頁二六五至二六六）。

他相信宗教運動在英國走過了頭，儘管他們並無意把宗教和道德造成外觀上的一致，因爲事實上他們對二者都沒有眞正的興趣（III.16，頁二七二）。人們強烈的欲求和衝動，或者任何還存在的力量，都被改變了方向：「在這個國度裡，能量已經沒有用處了，除了用在商業上」（同上）。像這樣不完整的道德理想，加上商業的炙熱，出現了「外觀一致」（outward conformity）的形象，這也讓彌爾想到在自主行爲的領域中，人們需要自由的第四種理由：社會出現了停滯甚至衰退的危機。

社會停滯和衰退的預防（III.17-19）

彌爾認爲，自由和個人意識不僅是社會進步的動力，還能預防因「習俗的專橫」（despotism of custom）所帶來的社會麻痺（social paralysis）（III.17，頁二七二）。他提到中國的社會由於「數千年來」停頓在「靜止的狀況」中，已不再有進步的可能，除非受到外來的刺激，他並以此作爲「一個足以勸世的警告」（III.17，頁二七三）。不過他相信歐洲（應當也包含美國）習俗的專橫有一個不同的形式：他們進步的工業社會還能配合消費者的變化。他們的威脅並不是「絕對的靜止」，而是一連串永無休止的改變，一些「爲改變而改變」的行爲，如同服飾和爭奇鬥豔的思想，「把改變推到了頂峰」（同上）。欲求和衝動漫無止境的變遷，商業產品和理念不停地取代和翻新讓人坐立不安，卻並不給生活品質帶來任何的改善。這便是社會中每天見到的景象。唯一的挽救之方，是立即開始行動，護衛人們行爲的自由，和個人應有的權利。

問題的漏洞？

彌爾顯然把自由和個人權益的問題放置在功利主義的觀念之上，然而由於太多反對的聲浪，他竟不曾爲這個問題做過任何解答。他承認，有關個人幸福的合理思維是可能的，唯一的條件是給予自主行爲全盤的自由。與此相關的，已經得到發展的個人也能因此保障他們的幸福，如果他們的幸福符合培里克利斯的理想，亦即在對己的行爲中含有自由和自然的因素，而在對人的行爲中則恪守法令和自我管轄的原則。對每一個已經發展而具有理想性格的人，當然會自動考慮對人的態度而約束自己，然而在他得到這種性格之前，在他培養自我管轄意志的同時，他也能會受到法律的約束。

姑且不論那些渴望自由而力求完善的人，就是那些只求有限的理性，讓他們有別於野蠻人便滿足的人們，功利主義的概念也能使他們懂得對自由和個人意識的尊重，而不會有任何對人的傷害。

然而這中間有漏洞可尋嗎？在夠答覆這些問題前，若干重要的疑點還有待澄清：眞正的自主行爲存在嗎？或者說，自主行爲的分類是不是功利主義在對人行爲中強行畫分的一部分？如果世上眞有不傷害他人的行爲，「傷害」一詞又應怎樣解釋？從另一方面說，如果確有傷害他人之事，差異只在程度的深淺，那麼自主行爲不是成了廢話嗎？他的語言是否只是一種遁詞，用來逃避擁護自由者的責難，而掩飾了功利主義對這個核心問題的思考？這些問題我們在下一章將有更多的討論。

進階閱讀建議

彌爾對古代雅典生活方式的羨慕，和有關培里克利斯的葬禮演說，在下列書中都有探討：Riley, *Mill's Radical Liberalism: An Essay in Retrieval*（London, Routledge, forthcoming），結論部分。討論培里克利斯的著作，見 George Grote, *A History of Greece*, 12 vols（London, John Murray, 1846-56）, Vol.6; *Philip Stadter, A Commentary on Plutarch's Pericles*（Chapel Hills, University of North Carolina Press, 1989）；以及 Donald Kagan, *Pericles of Athens and the Birth of Democracy*（New York, Free Press, 1991）。有關阿斯帕西亞的討論和傳記資料，見 Madeleine Henry, *Prisoner of History: Aspasia of Miletus and Her Biographical Tradition*（Oxford, Oxford University Press, 1995）。

彌爾眼中的培里克利斯理想，把自我發展和個人意識結合在基督教的美德和異教徒的自我肯定中，累見於維多利亞時代的議論。代表性的學者包含 Matthew Arnold 和 Walter Pater。他們的作品甚多，舉例而言有 Arnold, 'Marcus Aurelius'（1863），收於他的 *Essays in Criticism: First Series*（1865）, ed. Sister T.M. Hoctor（Chicago and London, University of Chicago Press, 1968）, pp.204-24；以及 Pater, *Marius the Epicurean*（1885）, ed. M. Levey（Harmondsworth, Penguin, 1985）。

派特（Pater）也大力追究了彌爾對奧利略皇帝的議論（II.14，頁一三六至一三七），他覺得彌爾的功利主義跟基督教的理想有高度的和諧性。他的 “Marius the Epicurean”（一八八五）一文，完全遵照自我發展的過程，把他自己青少年時代的伊壁鳩魯精神，或者快樂主義思想（Cyrenaicism）一變而爲「高貴的」學說。這個高貴的快樂主義思想（很像彌爾的功利主義）是一種以享樂爲主旨的哲學，很符合人類美好性格的發展，也包容了人類和諧的美德。在這同時，理想的性格（有如 Arnold 的理想主義），也與眞正的基督美德合而爲一了。派特看來比 Arnold 更爲開放，他在追求唯美的個人理想上，從來不遺餘力。

至於在英美等地論及希臘和基督文化結合的影響，見 D.J. DeLaura, *Hebrew and Hellene in Victorian England: Newman, Arnold, Pater*（Austin, University of Texas Press, 1969）; Peter Hinchcliff, *Benjamin Jowett and the Christian Religion*（Oxford, Clarendon Press, 1987）; Frank M. Turner, *The Greek Heritage in Victorian Britain*（New Haven, Yale University Press, 1981）；和 Turner, 'The Triumph of Idealism in Victorian Classical Studies'，收於他的 *Contesting Cultural Authority: Essays in Victorian Intellectual Life*（Cambridge, Cambridge University Press, 1993）, pp. 322-61。

第五章《自由論》／〈論社會權威對個人的限度〉（IV.1-21）

功利主義壓制的特性（IV.1-3）

從本章開始，彌爾把他的注意力集中在合法壓制（coercion）的「特性和限度」上。前此他已經把自主行爲的絕對自由放在功利主義的概念上，用以說明思想和行動自由是自我發展得以進展的重要條件。然而更多的問題還有待答覆，除了有關對自己行爲中若干領域不容許有任何的壓制外，還需探討對人行爲合法的壓制應當怎樣處理。在《自由論》剩下的最後二章中，這些問題便是他的用心所在。

爲了回報社會爲人提供生活中普遍性的安全，他認爲每個人都須要遵守對人行爲的規範：「凡是受惠於社會安全保障的人，都應心懷感恩。社會生活讓人明確感覺到對人行爲的約束是一件不可避免的事情」（IV.3，頁二七六）。

首先，人們不得侵犯他人在「某種程度上的利益」，不論是「明言還是暗示，都應當以此爲當然的公理」（同上）。第二，人們必須（基於平等的原則）分擔社會勞力，維護社會安全，以及爲了確保他人不受侵害和騷擾時做出必要的犧牲（同上）。「社會有充分的理由要求人們遵守這些規範，而且可以不計代價地迫使違紀者接受制裁」（同上）。

不過第三，「在並不過分違背自己法定的權益時」，人們也應該避免一切危害他人的行爲。在這裡，「違紀者可以……受到輿論的制裁，卻不一定需要法律的介入」（同上）。

功利主義的壓制，如此看來，含有下列數種特徵和限度，一如彌爾在他的《功利主義論》一書第五章中所述。法律的干預，這種最爲社會所唾棄也最昂貴的制度，應當只限用於最嚴重的對人傷害。恰當的法律制裁（包含死刑、囚禁、罰款等等）應當交由政府官員來執行，而其目的也只限於阻止對人道德上權利的侵害，包括官員們在處理合法公共事業時所掌握的權力。官員們的權力，舉例來說，應當包含公平的收稅，和保衛國家領土時入伍的召集令。

社會的輿論，不是法律的制裁，應當只針對輕微的傷害事件，並且以不剝奪人們的權利爲限度。至於公開的羞辱（例如當街示衆、公告罪行等等），同是對於一再漠視社會需求，或者對刻意惡言惡行之人不得不的懲罰。

當然，這種以法律爲名而進行壓制的行爲，都屬於對人的行爲，因爲它「危害了對人的利益」（同上），還在沒有「他人了解、主動而誠意的同意下」「影響了他人的生活」（I.12，頁二二五）。「而人們的生活是社會最大的關懷」（IV.2，頁二七六）。再說，這樣做不僅對人有害，用壓制作爲預防過失的權宜之計，本身也是一種傷害。壓制不應當只是權宜的「考量」；它應當是「正常的手段」。

相對而言，彌爾說，「如果一個人的行爲只跟自己有關而無涉他人時，或者完全不影響他人，除非他們自己願意（這裡的「他人」，指具備足夠普通常識的成年人）」，那麼「我們應當完全沒有壓制的顧慮」（IV.3，頁二七六）。但在這種情況下，壓制的問題根本沒有「公開討論」的餘地。

不過值得一提的是，這第三種可能目前還不被人重視，因爲對人的行爲雖屬法律制裁的範圍，但只要不侵害他人，便沒有必要制裁。只是論及思想的自由時，這裡無疑出現了一些曖昧的現象。假如一種對人不便的行爲，卻不涉及法律的制裁，它跟對己的自主行爲又有什麼兩樣呢？能不能說這種不受法律干預的自主行爲只是在許多對人行爲中的一個名目而已？彌爾的答覆出現在《自由論》最末一章；雖然在本章中他還是做了一些初步的交代。

自主行爲的特性（IV.4-7）

彌爾強調，在自主行爲中對人「自私性的不關心」（selfish indifference）並不在他的探討之列（IV.4，頁二七六至二七七）。壓制的不存在，並不意味著行爲相互影響的不存在。人們仍有必要鼓勵和培養「對己的美德」（self-regarding virtue），諸如謹愼、中庸以及自我尊重，他們也得時時提醒自己不要做愚蠢的事。然而最終來說，個人的自主行爲都是從自己的判斷和欲望出發，因爲「自己才是幸福最關心的對象」（IV.4，頁二七七）。「別人的忠告和勸勉，雖極常見，有時甚至如雷貫耳，然而在採取行動時，做決定的人還是他自己」（同上）。

他也承認，自主行爲可能會影響他人的感受。對他人而言，個人的行爲「不可能、也無意」讓人無動於衷，即使他並沒有給人任何的傷害（IV.5，頁二七八）。這樣看來，「傷害」不一定指損傷和破壞，它也應當包含情緒上的影響，或者感受上的厭煩。面對個人的自主行爲，他人當然會有喜歡和不喜歡的反應。比方說，一個自主行爲可以令人十分不滿，「雖然無傷於人，卻迫使人做出判斷，不是認爲他太愚蠢，便是太低賤」（同上）。

不僅如此，別人也有足夠的自由對他心生厭恨，開始「迴避」他，甚或（作爲一種責任）警告人們不要跟他親近（同上）。唯一的不同是，沒有人會「敲鑼打鼓來張揚此事」，告知世人此人的不齒，有如對一個沒有犯法的不仁不義之人合法的定罪一般（同上）。

自然的懲罰（IV.5-7）

還有另外一種可能，就是行爲者因爲自主行爲的結果而「在他人的手中」受到傷害：

> 在種種不同的形式中，一個人可以因為自己的過錯而在他人的手中遭到嚴重的懲罰；不過他對懲罰應當屬於自然的一類，亦即過錯本身造成的自然後果，不是懲罰的傷害。
>
> （同上）

這種自然的懲罰顯然是「從他人不滿意的判斷中衍生出來的」，也就是說，沒有事前的預謀，也沒有個人意志的糾纏（同上）。那只是厭惡心情的流露：「一種自然的懲罰，……無可奈何的失望，或者內心的鄙夷」（IV.11，頁二八二）。如此說來，無意傷人的自主行爲可以引發厭恨，造成行爲者自身的傷害。

彌爾相信這種自然的懲罰是行爲者在自主行爲中「唯一應當接受的懲罰」（IV.6，頁二七八至二七九）。雖然如此，僅僅由於不滿而引來懲罰，似乎與彌爾先前所說，「不滿意」不能構成傷害的理由相牴觸。也許有人會說，自主行爲不能說對人無害，因爲它會引起不滿，而傷害隨後便會到來。不過這個疑問不難解答，自主行爲的本身，的確不能傷人，我們可以從兩方面來觀察。

首先，自主行爲可以因爲他人而造成對自己的傷害，卻不能傷害他人。事實上，彌爾似乎在說，這些懲罰大部分是自己惹來的，因爲它們都是自主行爲衍生的後果。人們不一定要懲罰這位行爲者，雖然他們有此自由。相反地，他們只想迴避此人，希望遠離他的惡言惡行。而這行爲者自己也應當知道，頑強放縱的行徑遲早會招來惡果。因此「我們並沒有懲罰他，除非我們將心比心，設想自己一旦胡作妄爲，會得到什麼樣的報應」（IV.7，頁二八〇）。

其次，所謂的自主行爲所引發的自然懲罰，當它對人產生痛苦時，你的痛苦究竟又是怎麼一回事呢？會不會包含強迫自己離開此人而失去友誼的痛苦呢？或者諸如此類的痛苦？應該是會的吧！然而這卻不是直接的意願受到影響。他們雖然不願意，還是做了離開的選擇。但自願的選擇不能算是傷害，因爲：「自願不構成傷害」（**volenti non fit injuria**）（見 Mill, 1861b，頁二五三。拉丁引文來自 **Ulpian**，厄爾皮恩，公元二世紀羅馬法律學家）。

自主行爲全盤的自由與自由懲罰的觀念是可以平等共存的，因爲其中的傷害並不波及他人。自由無它，即按照自己的判斷和好惡來做選擇；而自然的懲罰不過是對人自主行爲的厭惡。因此自然懲罰也只是個人行爲自由的運用，不牽涉任何旁人的利益。

自然懲罰 vs.人爲懲罰（IV.7）

彌爾堅持一個明確的差異，即人爲的懲罰是涉及對人的傷害，而自然的懲罰則否。人爲的懲罰是社會爲個人不道德的行爲所做的安排，換句話說，此人已嚴重地傷害了他人的人權或利益，不再能爲社會大眾所容忍。[1]這兩種懲罰的差別，讓我們想起休謨（David Hume）對彌爾在哲學思想上的影響。彌爾在這裡卻顯然沒有充分發揮休謨的觀念。[2]

彌爾認爲這「不僅是一種名分上的差別」（IV.7，頁二七九），它們在心理上會有兩種不同的現象。例如，假如我們意識到他人自主行爲中的過失時，我們都知道後果會落在他自己的身上。因此：

> 當我們對某人不滿時，我們可以抽身離開，……沒有必要挺身而出，迫使他感覺懊惱。我們可以設想他已經或者即將受到（自然的）懲罰；假如他因處置不當而毀壞了他的生活，我們沒有理由要他得到更多的傷害。不同於給他教訓，我們寧可設法幫助他減輕他（在自我傷害上）所受到的折磨，讓他知道惡行可以避免，而罪惡也可以得到適當的消除。他也許仍令我們討厭，也許令我們同情，但沒有必要成為我們厭惡的對象。
>
> （IV.7，頁二七九至二八〇）

然而當我們面對某人道德上的罪惡時，「那便是另外一回事了」（IV.7，頁二八〇）。因爲

「罪惡行爲的後果不一定落在行爲者的自身，卻肯定會落在旁人的身上」（同上）。任何人的行爲，如果引起或者可能引起，對旁人的傷害，我們都會感到怒火中燒。無需多言，對人的惡行是構成懲罰當然的理由。社會可以名正言順地把人爲的懲罰加之於一個「成年」卻行爲不檢的人的身上：

> 假如他違反了個人或集體人權（公平和善意）的法規，……（那麼）社會作為全民的保衛者，必須（以法律或民意）給他制裁；必須公然給他痛苦，而且要盡可能地嚴厲。
>
> （同上）

這種人爲的懲罰，與僅僅對人行爲的不滿很不相同。其理論的依據是要防範對人的傷害，而不只是懲罰他對人引起的厭惡而已。

在道德範圍之外（IV.6）

彌爾小心翼翼地強調了他的觀念，認爲「對己行爲的過失……並無不道德的成分，不論它以怎樣的形式出現，都不能算是邪惡」（IV.6，頁二七九）。[3]這種過失的本身不會傷害他人，我們可以用自主行爲的責任感來糾正這些過失，但這種責任，

> 不是社會的義務，除非在某種情況下社會賦予他人某種特殊的責任。至於所謂個人的責任，若不是為了謹慎的緣故，則是為了自我的尊重或者自我的發展；不過，不論是什麼緣故，都不能適用於他人的身上。（同上）

然而有些對人行爲確實有不道德的地方，因爲它們嚴重地侵害了他人。不道德的行爲包含：

> 侵占〔別人的〕權益；〔行為者〕不能合法交代給人的傷害和破壞；做欺詐或矇騙的買賣；不公平或卑鄙地占人便宜；甚至為了自私而不去保護人們的傷害。（同上）

「不僅這些行爲，連同導致這些行爲的心態，也都可以恰當地稱爲不道德」（同上）。不道德的心態包含殘忍、嫉恨、不誠實、跋扈、一味的自私自利，或者對人幸災樂禍的態度等等：「這些道德上的罪惡，足以造成惡劣、令人不齒的性格」（同上）。社會對這種不良道德擁有合法的裁判權，也應公允地介入這些不道德的行爲，以便增進個人永久的利益。然而對個人自主的行爲，社會卻不能做任何法律上的干預。

傷害的意義

看來彌爾十分相信有些自主行爲是「眞正地」超越了道德，從不傷害他人。雖然這種行爲有可能影響旁人的感受，例如因嫌惡而開始對行爲者迴避。只是這種感受不能構成傷害。傷害不是僅僅的嫌惡，而是違反了人們的意志，產生了「看得見的損傷」（這也暗示了自我傷害不可能有預謀）。傷害可以用許多不同的形式出現，包含身體受傷（甚至死亡）、強制拘留、財產損失、名譽破壞、毀約（違背合約一類）等等。不同於對己行爲的自由選擇，對人行爲會在種種不同的方式中產生對人直接或者未來的傷害。

重要的警告是，社會不能蓄意扭曲這個簡單的傷害概念，而以（法律或習俗）爲由，不承認自主行爲可以導致他人痛苦和嫌惡的事實。任何對這種認定的違背，都會在正義者的眼中造成損傷（除去權益的喪失，或者自動的棄權）。很不幸地，社會通常都接受這種權限和相關的責任，因此隱藏了對己行爲的眞相，把它裝扮成對人的行爲，雖然無害於他人，卻傷害了正義的觀念。彌爾相信一個文明的社會不應接受非法的權利和責任，以免干擾純粹自主的行爲。換句話說，社會應當接受自主行爲中絕對平等而自由的觀念。

傷害的觀念，作爲《自由論》一書最核心的話題，便是這個簡單而有形的損傷導源於對人意志的違背，它唯一的警告是，這個傷害的存在必須獨立於任何權力和責任之外，而且得到社會大衆或者社會代表的默認。

對己/對人差異的辯論(IV.8-12)

彌爾顯然知道,「許多人拒絕承認」他所區分對人/對己行爲之間的差異(IV.8,頁二八〇)。他指出了三種一般性的爭議。

第一,辯論者會說,「沒有人是絕對的孤立」(同上)。當人傷害自己時,他也傷害了他的家人和他的債主。再者,他不再有能力幫助他人,甚至還會淪落成爲慈善事業救濟的對象。

第二,個人自我傷害的行爲對他人而言,也是一種惡劣的榜樣。因此他「勢必要強迫自己振作起來,不使他的行爲有所敗壞或者誤導他人」(同上)。

第三,即使我們假設「錯誤行爲的後果只會落在懷有惡意或者心不在焉之人的身上」,評論者仍然不承認社會因此就可隨意騷擾他人,例如兒童或者患有精神疾病的人:

> (可以這麼說,)約束個人的行為,或者阻止人們在生活中嘗試新的生活,不是真正的問題。我們需要設法防範的,是一些「已經知道」……對人無用也不妥善的事情。凡是認為有道德也有智慧的真理,都經過了長時期的醞釀和試探;這種前後相承的經驗,能讓人避開危險的深淵,不重蹈前人的覆轍。
>
> (IV.9,頁二八一)

他愼重地接受了這三種反對的意見,但相信他的理論不會因此而動搖。

沒有人是絕對的孤立（IV.10-11）

對這第一個反對的意見他初步的答覆是，如果一個人自我傷害的行爲使他同時也「清楚違背了給人所簽下合約的職責，他已脫離對己的範圍，變成道德違紀的案件了」（IV.10，頁二八一）。因此，如果自我的傷害也傷害了他人的權益，或者行爲者背棄了自己的責任，例如逃稅或者逃避兵役，那麼這種顯然的行爲過失——事實上也是不正當的行爲——當然需要接受法律和道德的審判。彌爾舉出的一些實例，包括過分奢侈的消費而侵害債權人的權利，和軍人或者警察因酒醉而不能執行社會給他的責任（IV.10，頁二八一至二八二）。

其次，他認爲對己的傷害也可以視爲對人行爲的失檢，更恰當地說，是一種不夠友善的行爲，造成他人利益的損失：「任何人如果不是迫於重要的義務，或者合理的私人理由而失職，都算是道德的（而不是法律的）問題，但他的失職仍然需要追究」（IV.10，頁二八一）。例如在吸毒的特殊狀況下，某人不能履行助人的職責，反而傷害了他人，他受到責難的理由是失職，而不是吸毒。嚴格說來，「他的受責完全在於他的爲人，他的爲人才是造成禍害眞正的原因」（同上）。

因此，當一個對己行爲而延伸出不夠友善的後果時（這種行爲已經不能再視爲對己了），此人在職務上的疏忽當然要受到法律或者輿論的制裁：

一言以蔽之，當顯然的傷害或者傷害的可能性出現時，不論對個人還是對社會，這個案件已超出了自由的範圍，而變成道德或者法律的問題了。

（IV.10，頁二八二）

然而在許多情況下，自由的權限不能因此失去效用，因爲對己的過失仍然與對人行爲的失檢有密切的毗連。但重點是，這位奢侈無度的人尙未還清他的債務，醉酒的公僕尙未恢復上班，而吸毒犯對人也夠友善，一切看來都正常，那麼此時法律或者社會當然還是得給他們應有的自由。

不過問題出現在那些假定是對己的行爲，例如思想的傳遞，其實是屬於對人，只不過因爲傷害尙未出現，那麼是否仍然可以把它當作對己行爲來看待？因爲這時法律的壓制顯然並不恰當，而且它看來也不像是個思想傳遞的問題。思想傳遞通常很容易造成對人的傷害，諸如名譽的破壞和誤導，即使社會不給予制裁，它仍然會對人造成傷害。但當一個人在值班時飲酒，或者因醉酒而施暴，這跟三五好友在休閒時的酗酒滋事不能相提並論。個人的飲酒可能惹人討厭，卻不會引起傷害。若要把飲酒剔出自主行爲之外，這頗不同於思想的傳遞，恐怕需要一點附加的理由，讓它能在飲酒本身的邏輯之外得到支持。而飲酒者也應當有些犯案的前科，或者在職場、婚姻、債務上有過不盡責任的情況，他的犯案也不盡然都與飲酒有關。

至於另外一種自私，讓自己淪於靠領救濟金度日而危害社會的行爲，又該怎麼說呢？彌爾的看法是，「這是偶發的事件，或稱個人給社會肯定的傷害，社會是可以容忍的，而這種容忍，是要維護人類更大的利益和自由」（IV.11，頁二八二）。他相信社會有比壓制更好的辦法來誘導人們變成更謹愼、更懂節制的社會一分子：

> 身懷無比的教育力量，心懷大眾所接納的絕對權威，管理的是一群不一定能作是非判斷的民眾；而輔以萬無一失的自然懲罰，讓人迷途知返；誰能說除此之外，社會還需要多大的力量來發號施令，迫使人們在自我的關懷中接受規範呢？（同上）

一般說來，他顯然認爲一個正常人，如果能「合理考量事態未來的變化」，一定不會讓自己墮落成爲社會的負擔（同上）。假如社會不能教育「爲數可觀的民眾」，讓他們達到最低限度的理性水平，那麼「一切的後果它也只好由自己來承受了」（同上）。

這樣的信念也隱含在下面兩個反對意見中。

惡劣的榜樣（IV.11）

彌爾承認「一個惡劣的榜樣可以衍生有害的後患，尤其是當模仿他人爲非作歹時，行爲者卻可以不受懲罰」（IV.11，頁二八三）。不過他強調，「我們所指的，是使這個行爲沒有傷害到其他的人，而對仿效者而言，已經造成了傷害」（同上）。這種對己行爲的失檢，對一個能自我改進的人來說，「是有益而無害的」（同上）。因爲「假如〔這個榜樣〕顯示了不當的行爲，也會顯示痛苦和墮落的後果，而這種行爲如果受到公正的制裁，在多數的情況中我們也會假定某種後果一定會跟著到來」（同上）。

家長式的作風（IV.12）

至於第三種反對意見，彌爾說，社會大眾其實比個人更容易犯錯，尤其是在對己行爲中關於有用或者有利的認定。與對人的關懷相比，社會大眾的經驗有可能是對的：

> 當大眾論及社會道德、對人的責任和眾人的意見時，雖然他們可能出錯，但更有可能正確；因為針對這些問題他們只考慮自己的利益；他們關心的也只是一些行為模式若（人人）都採用的話，對他們將有怎樣的影響。
>
> （IV.12，頁二八三）

簡而言之，涉及對人行爲的法律和習俗大多屬於權宜之計，因爲大多數成年人都能爲自己權利的損失做事先的防範。然而對己行爲的法律則「極有可能」是非權宜性的，因爲「在這些事項中，所謂的大眾意見不過是某些人對旁人或好或壞的意見罷了」（同上）。

然而干涉自主的行爲，否定了人有自我改進的能力，和能爲自己利益的傷害做出合理的判斷。由於彌爾堅持此一信念，他聲明社會絕不容許在純粹自主的行爲中干涉個人的自由和個人的人格。

「個人生活中最大的侵害」（IV.13-21）

在本章結束時，彌爾引述了幾件社會侵害個人自主行爲自由的實例。他說他「並無意利用本書來揭發現存道德觀念的越軌」（IV.13，頁二八四）。他只想證明自由的原則「有它嚴肅和實際的一面」，不是對「假想中的罪惡做什麼掩飾」（同上）。

關於自主行爲的法令，由於它並沒有預防傷害的功能，卻被社會大眾根據自己的喜歡和不喜歡錯誤地稱之爲道德法令，但其間的道理卻不難理解：「人類最普遍的習性之一……便是擴大他們心目中可以稱之爲道德警察（moral police）的範圍」（同上）。彌爾曾提到幾件宗教排他案例，雖然不是發生在英語語系的社會中，但他相信當時的大眾如果有權過問行爲規範的問題，恐怕也會有附和的可能。此刻他似乎只想借這三個案件來證明英語語系的社會不一定擁有「高人一等的優點」（III.18，頁二七四），可以讓人不犯下「個人生活中最大的侵害」（IV.18，頁二八七）。

他的三個案件分別是：「禁止釀酒」的緬因州法令（Maine laws，一八八一年訂立；醫療用途除外），當時席捲半個美國，而英國聯盟（United Kingdom Alliance）（一八五二年成立的禁酒運動團體）在彌爾寫作期間正有意如法炮製（雖然全北美洲此時正在鼓吹撤消此令）（IV.19，頁二八七至二八八）；安息日法令（Sabbastarian legislation），一八五〇年訂立於英國，禁止星期日工作和娛樂性的營業（IV.20，頁二八八至二八九）；以及對摩門教的迫害（Mormonism persecution），其主要理由是「他們認可一夫多妻制（polygamy）」，儘管教徒同意脫離美國社會，而於一八四〇年大批遷往偏遠的猶他地區（Utah Territory）（IV.21，頁二九〇至二九一）。

這些案件讓我們清楚看見彌爾回到了他早期的話題，亦即宗教排斥性的高漲。這些例子見證了宗教頑固性格（religious bigotry）的復活，而經由英語語系中（所謂）基督徒的雙手，將它付諸實行。禁止藥物的買賣，主息日的工作，以及多妻制的法律，都發生在美國的土地上。無需多言，同樣的例子還不勝枚舉，而且都在今天英語系統的國家中，相當干擾了自主行爲的生活。

在討論這些問題的過程中，他曾數度提到自由的運用。雖然在全書最後的一章中他將致力於這些問題的解答，爲了加強了解目前的三個案件，我們不妨先看看他處理的對策。

消費 vs. 買賣（IV.19）

言及法律上的節制問題時，彌爾認爲「飲用自家釀造的酒」是對己行爲，「販賣自家釀造的酒……則是買賣，而買賣卻是社會行爲」（IV.19，頁二八八）。把消費和買賣（也稱貿易或推銷）劃清界限，是了解彌爾學說的重要關鍵。個人在飲酒或者做其他消費時，因爲他依賴的是自己的判斷和欲求，他應當有全盤的自由。別人可以討厭他飲酒，但討厭不是傷害。然而推銷這樣的商品卻不是對己行爲，因此不適用於自由的原則。市場競爭者可以用他們的行銷手段，造成他人利潤的損失，因此他認爲社會可以用合法的權威調整市場的經營，即使一般說來，最好的辦法還是「放任政策」（laissez-faire），而不是採用法令或者社會的壓制。

個人的生活 vs. 勞動的市場（IV.20）

類似的界線畫分也出現在安息日禁令的討論中。「自己選擇的職業」，他認爲是對己行爲，而在合約中雇主和受僱者關係的產生則是對人行爲，因爲他們牽涉到市場上勞力的交易。個人必須有絕對的自由從事他喜愛的工作，也有合法的權利使用他喜愛的物質資源。別人可能不喜歡他的選擇，但他們可以遠離他和他的商品，而對自己一無傷害。

相對而言，在勞動的市場裡，工人可以直接影響其他工人的意願，例如在一周七天的工作中缺席一天，有人便會因而得到更多的工資，有人的工資也會因而減少。「員工的想法並沒錯，假如人人都在星期天上班，那麼七天的工作只能有六天的工錢了」（IV.20，頁二八九）。[4]社會因此也有合法的權威，強制一天的休業。不過在這裡彌爾提出了一個強烈的意見，認爲安息日的禁令和一般性的休業都不是恰當的措施。「如要禁止星期天的娛樂，唯一可以使用的理由是，它不爲宗教所容；而這種立法的動機很難被人大力地否決」（同上）。

契約的永久性（IV.21）

當論及摩門教時，他說儘管一般的輿論都相信在那種情況下最好不要過問，他還是認爲一夫多妻制度「直接違反了自由的原則」（IV.21，頁二九〇）。看來這個有關永久性契約的問題，例如婚姻，不論是一夫多妻還是其他的形式，都跟他的自由原理不能相容。從他下一章討論奴隸問題時，我們也會看見同樣的推理（V.11，頁二九九至三〇〇）。對永久性的契約他在其他地方也表示了同樣的反對意見（Mill, 1870;1871, pp.953-4）。

事實上，任何不得因單方面主動撤回而失效的契約（包含國際間訂立的條約），都給簽約的雙方扣上了永久性的關係，雖然未知的可能性會給他們帶來一連串不能預料的變化。他相信這一類的協定在個人的（或者國家的）自由上，都承受了一些不合理的約束，因此也影響了個人（或者國家）的發展：

> 假如〔法律〕容許，他們最好未雨綢繆，為他們的契約取得最大的安全；而且作為不讓簽約者毀約的賠償，他們必須從公平而權威的第三者身上拿到合法的免責聲明。
>
> （一八七一，頁九五四）

「這些考慮顯然也適用於婚姻」，他在一八五二年時強調（那時正當他新婚之後），「婚姻是生命中最重要的契約之一」（同上）。

即使如此，他仍然認爲摩門教的一夫多妻制，一如其他永久性的合約，是一個特定文化內經過參與者同意而訂立的，因此干預摩門教的行爲，除了宗教的排斥性外，一無道理。況且摩門教徒對人和平，會員如有不滿，也有離開組織的完全自由，並沒有內部的爭議和需要外界的調停，讓人有喪失自由的迫害感：

> 一個在不良制度下受到苦難的人，只要他不向組織之外求援，我不認為那些與此組織毫不相

干的人可以跨一隻腳進來，要求他們做某種改善而得到組織人員的滿意。這種醜行應當及時遏止，因為那些人遠在千里之外，他們既非組織的成員，對此組織也一無真心的關懷。

（IV.21，頁二九一）

國外的干擾（IV.21）

在《代議政府論》（1861a, pp.546-77）一書和〈略談不干擾行爲〉（1859a, pp.118-24）一文中，彌爾提到一種他認爲可以接受的外界干擾。在許多事件中，他指出一個國家爲了避免第三者因支持集權政府而妨害自由（包括民主和資本主義）的行動，可以義正辭嚴地向另一國家提出抗議：「爲避免干擾而做的干擾永遠是對的，也是道德的，即使有時不一定有夠精密」（1859a, p.123）。比方說，某一國的暴君想以經濟和軍事援助另一個受到壓迫的政府，關心自由的朋友這時基於道義的理由，大可以出面干擾，一如協助自己國內爭取自由的戰爭，雖然超越了國界，仍然可以有成功的希望。當然，這也應該包含同一國家內不同種族的內戰，其目的是爲了國家的自由，和他們自己政府的自由。

進階閱讀建議

若想對「個人生活中最大的侵害」一節中所談到的三個例證做更多的了解和分析，下列文件頗多助益。

有關緬因州的禁令，見 Neal Dow, *The Reminiscences of Neal Dow, Recollection of Eighty Years*（Portland, Maine, The

Evening Express Publishing Company, 1898）；J. K. Chapman, 'The Mid-Nineteen-Century Temperance Movement in New Brunswick and Maine', *Canadian Historical Review* 35（1954）:43-60; J. S. Blocker, *American Temperance Movement: Cycles of Reform*（Boston, Twayne, 1989）；J. Noel, *Canada Dry: Temperance Crusades Before Confederation*（Toronto, University of Toronto Press, 1995）；L. L. Shiman, *Crusade Against Drink in Victorian England*（New York, St. Martin's Press, 1988）；以及 I. R. Tyrell, *Sobering Up: From Temperance to Prohibition in Ante-Bellum America, 1800-1860*（Westport, Connecticut, Greenwood Press, 1979）, pp.252-89。

有關英國聯盟的歷史，見 Brian Harrison, *Drink and the Victorians: The Temperance Question in England 1815-72*（Pittsburgh, University of Pittsburgh Press, 1971）；以及 A. E. Dingle, *The Campaign for Prohibition in Victorian England: The United Kingdom Alliance, 1872-95*（New Brunswick, NJ, Rutgers University Press, 1980）。

安息日法令的歷史，見 D. N. Laband 和 D. H. Heinbuch, *Blue Laws: The History, Economics, and Politics of Sunday Closing Laws*（Amherst, Lexington Books, 1987）。

作爲基督教的一支，摩門教創教於一八三〇年，創始人約瑟夫．史密斯（Joseph Smith）率領信徒離開紐約，一開始在伊利諾州的諾孚（Nauvoo）安頓，不久遷密蘇里州，因受當地的騷擾和暴行，再遷猶他地區（Utah Territory），最後在此落地生根。在彌爾寫書的年代中，摩門教的苦難還未終結。一八五七到一八五八年間，布加南總統（James Buchanan）派遣軍隊駐紮猶他地區，史稱「摩門戰爭」（Mormon Wars）。一八六二年，正當美國南北戰爭之際，在國會占有優勢的共和黨通過了「反重婚法案」（anti-bigamy legislation），雖然當時未受重視，直到一八七九年最高法院同意後才正式執行。美國政府開始大力懲治摩門教徒，而且得到民衆的支持。教徒以「重婚罪」受到起訴，其公民權再因以「同居罪」遭到褫奪（這是國會在這一地區特定的法令）。終於在一八九〇年，最高法院向摩門教提出訴訟（即當時惡名昭彰的「耶穌後期聖者教會（摩門教正式的頭銜）vs. 美國政府」的案件），沒收了他們全部的教會財產，摩門教宣告破產。在這之後，教會負責人簽署了放棄一夫多妻制度的宣言（雖然有些忠心耿耿的信徒仍然把這傳統維繫至今）。一八九三年因一夫多妻而獲罪的人得到總統特赦，一八九六年國會授權猶他地區加入北美洲合眾國，成爲美國的一州。更多資料，見 L. J. Arrington 和 D. Bitton, *The Mormon Experience: A History of the Latter-Day Saints*, 2nd edn（Champaign, University of Illinois Press, 1992）; E. L. Lyman, *Political Deliverance: The Mormon Quest for Utah Statehood*（Champaign, University of Illinois Press, 1986）; K. D. Driggs, 'The Mormon Church-State Confrontation in Nineteen-Century America', *Journal of Church and State* 30（1988）: 273-89; Driggs, 'After the Manifesto: Modern Polygamy and Fundamentalist Mormon', *Journal of Church and State* 32, （1990）: 367-89; R. L. Jensen 和 M. R. Thorp, eds, *Mormon in Early Victorian Britain*（Salt Lake City, University of Utah Press, 1990）；以及 R. S. Van Wagoner, *Mormon Polygamy: A History*, 2nd edn（Salt Lake City, Signature Books, 1992）。

有關彌爾對摩門教的討論而涉及自由主義的一般課題，見 C. L. Ten, 'Mill's Place in Liberalism', *The Philosophical Science Reviewer* 24（1995）: 179-204，尤其是 pp.185-7。

有關彌爾至今尚有影響的國外干擾問題，見 G. E. Varouxakis, *J. S. Mill on French Thought, Politics, and National Character*, PhD thesis in History, University College, London, 1995。

第六章 《自由論》／〈自由學說的運用〉（V.1-23）

彌爾的學說和運用（V.1-2）

現在我們知道，彌爾的自由原則是直接應用在對人無害，不違反人意志，也不造成有形傷害的個人意識和純粹的自主行爲上。自主行爲可以引起他人強烈的不滿，但僅僅不滿而沒有顯然的損傷，不能構成傷害。他人可以因爲不滿而離開此人，因此有可能給此人嚴重的自然懲罰，但也有給自己帶來傷害的可能。不過，如果人們爲了避開此人而造成自己的損失，這種損失卻沒有違背他們個人的意志。

當然，自由原則可以有它自然的結果（corollary），或可稱之爲社會權威原則（social authority principle）。這種權威說明了社會擁有合法的權力來執行對人行爲違紀的法令，而個人沒有選擇的餘地來決定怎樣才是對人有害的行爲，因爲這時的傷害已經超越僅僅的不滿。換句話說。行爲者必須聽從社會所遵行的一般規則，而他自己也願意接受這些規則的約束。

在《自由論》進入最末一章的時候，彌爾提醒讀者他所談的仍然是這個「非常簡單的自由原則」，以及它邏輯上的一些補充。言及全書「整體學說上的兩大準則（maxims）」後，他替他的準則做了下面的介紹：

第一準則是，個人（對己）的行為無需向社會交代。……至於對此人善意或有必要的忠告、指示、勸服，或者規避，則是社會對此人行為不滿或不當時所採取的唯一行動。第二準則是，個人（對人）的行為……必須向社會負責，也必須接受社會和法律的制裁，如果社會認為對行為者和其他的人有做保護的需要。

（V.2，頁二九二）

他把剩餘的篇幅用來澄清他學說中一些曖昧不明的地方，同時也說明這兩個準則如何得到合理的運用。

不過他相信，由於不同的狀況，這些準則也常有混淆的現象。他提供了一些「實際的樣品」來幫助尋找合理而實用的結論。他說這些準則的選擇「有賴在〔準則之間〕取得平衡，並且觀看何者在運用上尚有可疑之處」（V.1，頁二九二）。不出所料，他相信合理的平衡一定會出現，且有如第二章中所說「一目了然」的肯定性（II.23，頁二四五）。在有些撲朔迷離的案例中，看來正反兩面都沒錯而他自己也不能決定時，他建議交由社會成員去辯論，希望能夠從中得到合理的調和。

在這討論的初期，我們必須注意這些案例無疑都是對己的行爲，再不然便是對己和對人行爲的畫分完全符合彌爾的自由原則。任何問題出現，多半是因爲實際狀況的延伸，一旦界線畫分清楚後，這些問題都會自然消失。換言之，更多的思考通常會讓我們看見問題的癥結，亦即當兩個準則都實用時，我們會開始推想，它能滿足的是自由原則的準則呢？還是社會權威原則的準則？不過即使彌爾也有他自己的懷疑，自由原則的適用性則一無讓步。

無權干預的傷害（V.3）

彌爾首先提醒我們，他曾在第一章《導論》中談到這個問題（I.11，頁二二四至二二五）。在這裡他再度強調，個人自由的正當性並不局限於自主行爲的範圍之內：「我們絕不能認爲僅僅因爲對人利益的傷害，或有傷害的可能，社會便可出面干預，且把干預視爲正常」（V.3，頁二九二）。在許多情況中，個人可以因爲合法的行動而造成他人的痛苦或損失，甚至截取了他人有足夠理由獲得的利益（同上）。

這種自由的出現不是因爲它對人沒有傷害，而是因爲它已經處在社會的掌控之下，雖然可說是合法的行爲，一般而言，仍是一種權宜之計：

> 任何人如在飽和的職場或競爭激烈的考驗中取得勝利，或者在競賽中奪得人人垂涎的錦標，他的收穫來自別人的損失，包含落空的努力和希望。然而我們不能不承認，為了增進人類的利益，人人都有權追求自己的理想，不必因為牽涉了他人而停下腳步。
>
> （V.3，頁二九二至二九三）

無可否認地，成功者傷害了失敗的競爭對手，因爲他直接給了他們有形的損傷，除了單純的不滿外，還有努力的白費，和「垂手可得的利潤」。雖然如此，為了防範這種傷害的制裁，「一般人都承認」，其傷害社會大眾的利益大於放任政策。換句話說，失敗者所受到的痛苦並不是難以承擔的一種，得讓社會採用法律來做干預：

> 社會承認沒有權力避免這一類的痛苦和感受，更不用說干預了。它唯一可以採取行動的理由是，成功者使用的不是一般營業性的手段，而是欺詐、背叛或者暴力。
>
> （V.3，頁二九三）

如想從彌爾學說中有效地找到「任何希望中的利益」（V.1，頁二九二），我們必須掌握下面兩種衡量的方法。

個人自由適當的領域

首先，自由原則不能用來決定個人自由的適當領域。它的準則是說，每個人都有享受全盤自由的權利，只要他在行為中不傷害他人。在這種準則下，純粹自主行為的領域就是個人自由最小的限度；而對它的侵害，在任何文明社會中都是不能接受的。一般說來，目前自主行為的自由的空間還有擴充的必要。至於它應當如何擴充，卻不是自由原則可以決定的事。事實上，它歸屬於社會團體內大眾意見的裁決，還得調和不同情況下大眾觀念的差異性。這樣說來，社會權威的準則雖然適用於對人的行爲上，卻不能用法律的力量來預防對人的傷害。對人行爲的自由不一定有違法令，然而在許多案件中，最常見的權宜之計還是放任政策。法律的強制性在這裡看來並不恰當。

> 因為若非〔此人〕大體上在放任的情況中會有更好的表現，……再不然便是社會的控制會惹出新的麻煩，比他們想像中要防範的罪惡來得更糟。
>
> （I.11，頁二二五）

簡單來說，對人沒有傷害的事實是充分但非必要的理由，讓人得到更多的方便。眞正使個人超越自由原則範圍的理由，是每人不可侵犯的道德權力給了他隨心所欲的自由。

個人行動的範圍

根據同樣的理由，我們的第二個衡量是關於私人行動的範圍也應擴充到純粹自主行爲之外，如果所謂的私人行動（包括市場上的競爭）指的是個人合乎道德也不傷害他人（包括政府官員）的自由表現。某些私人行動會對人造成極大的傷害。

在這裡我們必須小心討論，所謂私人的行動也可以出現在「公衆場所」中，例如市場的交易行爲。這提醒了我們公私之間存在了許多千奇百怪的名目，值得我們特別留意。不過最重要的，是一些表面上看似「公眾場所」的活動，但不一定是公開的行爲，卻必須接受相對法律的約束。從另一方面說，一些關起房門來的純粹自主行爲，一旦公開執行成爲對人行爲時，卻仍然有被視爲自主行爲的可能。例如「公開」表現的性行爲，即使雙方同意，仍然違背了他人的意志，而在他人的眼中造成不滿或傷害，那麼這兩廂情願的行爲也就失去了純粹自主行爲的特色（參閱V.7）。不過假如社會大眾並不同意干預公開的性行爲，那麼這種行爲仍然應當屬於個人行動的範圍。

自由原則不同於放任政策（V.4）

我們現在明白了爲何彌爾強調它的自由原則不能跟放任政策的經濟學說混爲一談：「個人的自由原則並不涉及自由貿易的原理」（V.4，頁二九三）。市場銷售也不是對己的行爲，因此不屬於自由準則的範圍。他寧願說：

> 貿易是一種社會行為。任何人只要公開銷售任何商品，都會影響他人的利益和一般的社會；因此原則上說，他的行為進入了社會的司法領域。（同上）

把貨品賣給消費者的行爲可以受到社會權威準則的管轄。社會可以合法地制定對買賣和商品的法規，但如果「一般人」同意，則可（雖然並不是永遠）啓用社會的權宜之計，而不必動用法律的規章：

> 經過長期的掙扎，我們終於承認了商品的品質，可以因為生產者和商人的自由而得到提升而收到物美價廉的效益；在這同時，為了購買者的方便，商人也宜享受物暢其流的自由。這就是所謂的自由貿易原則，它的基礎雖然不同於本書所強調的個人自由原則，但它的堅實性則毫無二致。（同上）

從原則上說，社會對貿易和商品的控制並不違法：「它對這些有關事務的控制也有足夠的能力」（同上）。不過我們也「終於承認」，這種控制並不是最好的辦法，因爲它所造成的傷害多於利益。阻止他們依照自己的意願來做交易，直接傷害了生產者和供應者；納稅人必須負起行政上的費用，甚至消費者也只好在這種缺少自由放任的情況下購買高價格和低品質的商品。顯然，控制「是錯誤的，因爲它不能得到預期的效果」（同上）。

彌爾在他的《政治經濟學原則》中提到放任政策中許多不同類型的例外（一八七一，頁九三六至九七一）。不過「大多數有關這種理論極限的問題」，卻不是他的自由準則所能解答（V.4，頁二九三）。例如，「受雇於富有危險性職業的工人，他們衛生的考量和安全的預防是雇主必須負擔的責任」，是對人行爲中需要實際用心的地方（同上）。

不過「有些有關貿易的干擾基本上是自由的問題」（同上）。自由準則必須過問「任何一種涉及市面上商品的流通」，例如「禁止鴉片入口」，和「不得販售毒品」的禁令（同上）。在這些並無傷害他人的行爲中，社會侵害了個人購買和使用商品的自由權力：「這些干擾容有異議，但不是因爲它違反了製造商人或賣家的自由，而是違反了消費者的自由」（同上）。彌爾的意思很清楚，自由原則可以應用在消費者身上，但放任政策只適用於製造商人和賣家。但這並不是說，一切消費都是純粹的對己行爲。彌爾在本章稍後提到，人人有權用他自己的收入購買他自己喜愛的東西，而其用途對人亦無傷害。即使像毒品這一類的東西，雖然對有些人有害，仍然不可禁售，因爲它也可以有良性的用途。當然，如果某種商品唯一的目的就是傷害他人，他承認這種禁令是符合自由準則的。

雖然如此，這中間還有更多的問題，只是彌爾沒有多說。縱然某種商品有良性的用途，如果因爲此人的購買和消費妨害了他人購買這個商品的機會，他還是傷害了別人。不過這種顧慮用錯了地方，答覆這個問題的方法之一，是劃清傷害和妨害之間的界線，或者釐清購買商品的意義。但彌爾沒有這樣想，他把焦點始終放在失敗者的痛苦是成功者造成的事實上面。

不論怎麼說，我們會在現實中找到更好的答案：一般而言，一個人的消費不會妨害別人用同等價格的消費。假如貨品可以廉價大量生產，一個人的購買也不會影響他人購買的機會。再說，在一個自由競爭的市場中（雖然不一定指大批商人和消費者在同一時段出現），一個消費者的選擇也不會有形地影響市場的價格，市場供應取決於製造商事前對市場需求的估計。眼前的消費雖然不能左右製造商人，卻會幫助形成未來市場對供應競爭時的要價。

例外的情況當然會有。比方說，大宗的購買，一則可以破壞競爭的價格，二則可以破壞一時無法取代的貨存，在在都傷害了他人的利益。然而這些特殊情況不會改變消費是對己行爲的事實。

根據自由原則，個人有權利要求消費時全盤的自由，如果第一，商品的使用不會傷人；第二，商品可以無限制地以公平的價格生產。不過人們沒有道德上的權力，隨意要求製造和販賣他們所指定的商品。但社會卻有合法的權力斟酌大衆的需求，控制生產和交易。例如：當自然、資源、勞力和資金都缺乏之時，生產還需要繼續嗎？生產量和分配地需要有集中市場或者偏離市場的考量嗎？市場計畫得遵行社會主義式的合作經營（co-operation），還是資本主義的法人集團（corporation）？這些企業的規模以及產品銷售量應當交由他們自己和平的磋商嗎？政府有理由調節他們市場的價格嗎？這些一般說來屬於權宜的處置，都合法地歸屬於法令的範圍了。在這同時，彌爾還強調，一般性的權宜之計，至少在可以預見的將來，通常只能用來確保對資本主義和自由市場持續的信賴。私人擁有的生產資源應當與一般的經營結合，故傾向於放任的政策。（有關這些問題進一步的討論，見Riley，一九九六）。

那麼，當運用彌爾的學說時，我們不宜假定在個人權宜自由（或者私人行爲）和自由準則之間有一個清楚的界限，而在社會壓制的權宜和社會權威之間又有另一個畫分。放任政策暗示了對人行爲的自由有功利主義的意味，而自由準則認爲純粹自主行爲的全盤自由也應當如此。

爲何要劃清界限？

在自由準則和放任政策之間劃清界限有眞正的必要嗎？在這兩種情況中，我們可以說，個人意識或者自我發展的價值都超越了競爭的考量，即使其中之一對人有害，而另一種無害。

仍然，它們之間存在著顯然的差異。自由原則給了自主行爲平等的權利，使得自主行爲能更臻完美。而這樣得來的平等權利也更顯得和諧，因爲當個人行動時不會忤逆他人的意志而給人不便。相對而言，放任政策則不認爲個人有道德的義務可過問對人的行爲。更確切地說，個人會得到道德的許可（或者相關的權利）來與他人進行公平的競爭。不過在平等觀念的許可下所做的競爭，比起旗鼓相當的自由競爭要軟弱多了。事實上，沒有人敢保證，以自利爲首要的製造商人和賣家會在資源缺乏的情況下主動提出平等競爭的選擇。因爲在放任政策下，社會需要有充分的理由，諸如有足夠的產品和資源，才容許一方在競爭中獲利，而另一方蒙受損失。這種自由準則合理的推論，雖然提供了個人開發的平等機會而又不傷害他人，卻是不可能實現的。

思想表達的特例

在進入彌爾第二種實用問題的討論前，我們最好回顧一下他在思想表達問題上遺留下來的一個曖昧焦點。要想化解這個曖昧，我們似乎得把它當作一個思想表達的特例來看待。

一般說來，自主行爲不同於一般思想的表達，可以對人一無損傷。表達雖然不是對人的行爲，由於社會可能對它有所干預，即使它「好像」對人無害，卻有傷及他人的可能。

表達的特殊，是因爲它雖是對人，卻不能眞正成爲干預的對象：它的危險和對人的傷害（縱然鬧得沸沸揚揚），好像總是低於自我發展中給人的福利。因此，思想的表達在對人行爲中具有一種特殊的性質。由於它「幾乎」也是對己的行爲，也可以當作對己行爲來處理，那麼它實際上跟思想也就沒有什麼區分了。

社會警察權威的限度（V.5-6）

彌爾下面提出來的另一個實際問題，正如他所說，是「毒品販賣」惹起他對放任政策的注意。這個「新問題」劃開了「所謂警察功能應有的權限；爲了防範犯罪或者意外，自由可以承受多少的干擾」（V.5，頁二九三至二九四）。他說，無可辯駁的，社會可以合法建立它的權威，如果其目的是爲了防止犯罪，包含非企圖性的自我傷殘。政府官員可以因「任何一個有證據蓄意犯罪的人」出面干涉，也可以因某一產品有犯罪的用途而下令禁止（V，頁二九四）。他們甚至可以阻擋人們「穿越一座判斷爲不安全的橋樑」，假如「沒有足夠的時間公告此危險」（同上）。當橋樑已知不再安全，禁止穿越它當然不會有「對自由眞正的侵害」，因爲如果貿然過橋，災難就可能會發生：「自由可以讓人從心所欲，卻不可以讓人掉進河裡去」（同上），注意彌爾並沒有把存心跳河而自殺的人視爲特例。他擔心的對象恐怕是「兒童，神志不清者，或者是處於激動、沉思狀況而不能正常思考的人」（同上）。不論怎樣說，自求毀滅的意願跟自我發展或個人意識彼此衝突，在純粹自主行爲中不能構成保護個人自由的條件。

現實中的未知數（V.5）

不過這些看來相當清楚的例子，並不是現實生活中唯一的問題。比方說，當某人購買了有犯罪可能的商品，我們並不清楚他是否會去犯罪，因爲此一商品也有它「無罪」和「和平的用途」，不一定是爲了行兇。購買毒品的人有謀害他妻子的可能，但也可以用來殺蟲，保護花園裡的植物。這些問題的出現是因爲我們分不開對人和對己的界限。假如我們預先知道此人的動機，我們對於選用社會權威的準則，還是自由的準則，都會毫無困難。然而事實上我們對人的行爲卻是一無所知。

再說，我們也並非完全清楚橋樑安全的程度。當某人過橋時，他的災難只是一種可能，不是必然。他也許知道此橋的危險，他過橋是爲了冒險，表示他勇敢，或者不願意接受警告。這些問題的出現，是我們不清楚他對警告的理解和反應。此人的心態令我們感到茫然。我們不會眞正知道，除非在橋頭上與他相遇。但我們又能做什麼呢？

要解決這些未知數的問題，我們必須在兩種準則間找到一個平衡點。如果對目前的事實不清楚，不到眞相趨於明朗前，我們最好把兩個準則同時兼顧。因爲如果我們事前放棄其一，我們會丟失事後做決定時的資訊。爲了彌補我們的無知，我們最好給人有限制性的選擇權利，而不遠離他自主行爲的範圍。這種限制是合理的，因爲社會法令的用意便是防範意外於未然，而這些費用也應當由局外人和納稅人同時承擔。

合理的讓步（V.5）

彌爾相信這些案例可以得到合理的平衡，而不至於侵害到他人自主行爲的自由。社會可以合法預防意外事故的發生，例如迫使人們注意穿越危橋或者吸毒的危險。只是，一旦警告之後，人們仍然有自由選擇的權利，只要不牽涉到自我的傷殘：「當事態尚未明瞭前，而危險只是可能，只有行爲者自己知道他是否有此動機去冒險過橋」（同上）。社會當然有權向人宣告自主行爲可能的後果。然而被宣告的個人卻不能因此被「強制去避免〔危險〕」，因爲冒險可能正是他心中的欲求（同上）。

同樣地，社會可以合法預防犯罪，讓人透過「某種儀式」，例如公告與販賣毒品相關的「犯罪法定文件的條文」（V.5，頁二九五）。毒品或槍支的購買者必須提供有如「邊沁所說……一種『事前約定的證明』」，陳述此人購買這些商品的用意：

> 比方說，要求商人提供售出商品確實的時間、買者的姓名、住址、售出商品的性質和數量；還要求他詢問並且記錄買主購物的目的。
>
> （同上）

這些資料的蒐集對購物者的自由而言，並不算是「物質上的妨礙」。但它有助社會的偵查，和減少犯罪的機會：「這些規範一般說來並沒有物質上的妨礙，然而在嚴重的情況下，卻是一種不正當的運用，無異變相的偵探」（同上）。

合法警察權威的特例（V.6）

當討論社會合法的權力時，彌爾認爲那是「用事前約定的預防來抵擋犯罪的發生」，它的壓制甚至可以視爲一種特殊的情況下延伸進入個人看來是自主的行爲。但這種行動是完全合法的，例如：

> 當某人曾一度以酗酒而對人施暴，他可以因為這個前科而受到特殊法律的約束；如果他再度酗酒，他應當接受懲罰；如果此時再加上鬧事，他的懲罰必須要格外嚴苛。
>
> （V.6，頁二九五）

飲酒雖然是顯然的自主行爲，但根據每人自己的經驗，飲酒後有很大的可能會造成對人的侵害。這種看來是對己的行爲，這時變成了對人，而邪惡的危險也會隨之而生：「把自己灌醉，又因醉而傷人，當然是犯罪了」（同上）。但大多數的飲酒者即使飲用過度，並不因此而變得興奮。因此對某人的干涉，對另一人不一定合宜。

相同的理由，彌爾相信一個遊手好閒的人，如果因爲契約的安排，或者親屬的關係，而負責一筆債務，他必須被迫履行他的責任，「如果沒有別的辦法，至少得接受強迫的勞役」（同上）。

社會權威約束下的「良好舉止」（V.7）

在結束談論不尋常的自由準則的「顯然極限」時，彌爾承認「純粹自主的不當行爲」若在公衆場所發生，會恰當地受到干預：

> 許多行為，由於只直接損傷到自己，不必有法律的介入；然而如果在公眾場所發生，違反了良好舉止的習慣性，而有令人不滿的現象，便可名正言順地予以禁止。
>
> （V.7，頁二九五）

這句話有點語焉不詳，彌爾卻沒有多做解釋。他只說「這一類的行爲不合禮貌」，「不爲公衆所容」，「其違法的程度一如其他可以譴責或者不正當的行爲」（V.7，頁二九五至二九六）。這似乎是說，「公衆」可以改變自主行爲的性質，如果有令公衆不滿的事實，就變成了對人的行爲。實際的例子可以包含公衆場所中的自殘、雙方同意的性行爲，和沒有另一方的許可而公布私人生活的細節。廣義的私人生活細節可以包含朋友或相識之人在私人談話、信件中取得的資訊。

這種行爲無疑違反了善意和禮貌的常態，也就是每個社會都有的所謂「良好舉止」（good manners），它是一種合理的要求，可以有保障個人名譽的功能。破壞良好的舉止，等同背逆人的意志，造成傷害。不過假若彌爾確實有此思想，這仍不是他全部的思想。我們需要做進一步的追究。僅僅的不滿和傷害，不論是過於粗俗，或者不夠禮貌，一旦發生在公共場所，它們的界線便很容易消失。這是一樁有困難的問題，彌爾在下面還有更多的討論（見VIII.3）。

公開推銷的自由和它的限度（V.8）

彌爾在這裡考慮的一些實際問題是：「一個推銷員能自由去做的事，旁人也有同樣的自由去做嗎？」（V.8，頁二九六）。我們既然已經承認，只要不傷害他人，縱然是偏頗的行爲，甚至引起大多數人的不滿，我們仍然有絕對的自由去做，這是不是等於說，人人都有自由從事偏頗的行爲？他承認這是一個「充滿困難的問題」（同上）。嚴格說來，誘勸不是對己的行爲：「給人勸告或者誘惑，屬於社會行動，因爲對人有影響，因此社會有權出面干涉」（同上）。然而彌爾相信，一如思想的表達，此事可以合理地視爲對己，因爲它實際上是此人深思熟慮後所採取的行動：

> 假如人們允許去做只跟自己有關的事，冒自己的風險，他們同樣也應該允許與人磋商，做對他們認為最有利的決定；以及跟人交換意見、給人建議，或者接受旁人的意見。一件自己允許去做的事，他當然可以勸告旁人照樣去做。
>
> （同上）

自由勸告和磋商的行爲，在自我發展過程中所能獲得的利益，往往會超越對他人利益的傷害。

雖然如此，由於思想的表達不能有全盤的自由，那麼推銷的自由應是一個例外。彌爾相信把推銷視爲對己行爲唯一的可疑之處是，「在推銷中獲利的人，只是推銷者自己；而且他把推銷當作職業，作爲謀生或牟利的工具，助長了國家和社會所公認的一種罪惡」（同上）。這些特例中「複雜的新問題」，來自生產者和商人兩個階層的出現，而「他們的利益跟公共福利發生了衝突」（同上）。社會應當出面來管理他們呢？還是採取放任政策？「譬如說，通姦如可容忍，那麼賭博應當也可以。然而想開妓院、設賭場的人，他們也有此自由嗎？」（同上）。彌爾認爲這個問題的困難，在它「恰好處於兩項原則的交叉點上，不能立即辨別它屬於哪一種原則」（同上）。

從一方面說，這個問題應當屬於自由原則，因爲淫媒也好，賭場老闆也好，自由原則都承認他們有推銷自己產品的自由，而顧客也有自由光顧他們的生意。

> 至於容忍一事，既然人們可以從事自己的職業，從中謀取利潤，那就不算是犯罪了。一種行為如果完全不被允許，就該完全禁止。假如我們相信此一原則是正確的，那麼社會便無權過問只跟個人有關行為的是非對錯，任何人都可以自由從事推銷，也可以自由拒絕他人的推銷。（同上）

簡單來說，放任政策應當適用於生產者和市場商人的身上，因爲消費者有足夠合法的自由，購買和使用他們的產品或服務。我們無法指責一個賴此爲生的人推銷他的產品給另一個有權也樂意購買的顧客。

從另一方面說，這個問題也包含在社會權威準則的範圍之內，因爲社會有合法的權力排除公開推銷所帶來的影響，因為這些勸誘者既然所圖在利，態度不可能完全公正——他們一方面有絕對的私心，另一方面也承認了他們的推銷是為私人的利益。

（V.8，頁二九七）

既然犯錯人人難免，社會大衆應當支持個人爲自己的行爲作主，不受商人偏見的影響，斟酌他們的產品和服務對他有利還是有弊：

我們可以十分肯定，當我們按照自己的意願選擇購買一件貨品時，不論是聰明地還是愚蠢地，即使只是一時的興致，如果能儘量避免他人的詭計，和他人以利為前提的教唆，我們事實上一無損失，也一無犧牲。

（同上）

爲了縮小偏見招攬的影響，彌爾認爲妓院和賭場都應當禁止。這樣才會把個人自主行爲保留在自家的天地中，離開了公衆的場所：「在自己或朋友家中，或者自己選定的地方，任何人都可以賭博（或者買歡），只有自己的會員或朋友才得以參與」（同上）。他承認「（公開營業）很難有效禁止」（同上）。然而禁令還是達到了它的目的。妓院和賭場從此「只能在隱蔽和神祕中經營，除了自己的雇主，遠離了大衆的耳目」（同上）。

在這裡，彌爾顯然更傾向於社會權威的準則。社會爲了防止賣家公開鼓勵姦情或賭博，已給了他們相當的限制，彌爾建議這種限制也宜與買家的自由取得配合。這樣的話，自由準則適用於這些案件，而放任政策則否。警察可以合法地關閉妓院和賭場，只開放給付費的會員和他們的客人。

在這同時，他說他「不能貿然決定」，社會權威「當主犯可以釋放時，是否共犯也應當接受懲罰；給淫媒和賭場老闆處以罰金和監禁時，是否也有懲罰通姦者和賭徒的必要」（同上）。警察爲阻止公開拉客而採取的行動是可以合理化的，但除了關閉他們的營業，參與這些活動的人是否也應當接受處罰。我們可以假定這些都是權宜之計的考量，在兩種準則之間的取捨，還得看當時的社會情況。但彌爾還是不願意輕易放棄懲罰，因爲他覺得主犯的釋放，是一個「道德反常的現象」（同上）。

他清楚地否認了「一般買賣的營業（也可）用類似的理由加以干涉」（同上）。事實上商人每一件商品都有「它金錢上的利潤來促進」大量的推銷。但「這不能構成禁止」他們推銷的理由，因爲賣家對消費者而言，至爲重要，而消費者購買和使用商品時，也沒有侵害到他人的自由。在這種觀念中，舉例來說，禁酒令也是不能合理化的，「因爲販賣烈酒的商人，雖然他們會希望人們過量的飲用，在合法的使用上，他們仍然是不可缺少的」（同上）。

這並不排除爲了防範過度飲酒而設定的特別法令，一如對淫媒和賭場的管理：「雖然酒商鼓勵無節制的飲酒是一種眞正的罪惡，值得國家嚴加管制，但這管制卻侵害了合法的自由」（同上）。社會權威可以要求商人公布過量飲酒的危險，且不得賣酒給已經醉倒的顧客。如果一再違背這些規則，社會可以吊銷他們賣酒的執照。

合法課稅的權威和商家數量的控制（V.9-10）

彌爾在這裡提出一個新的問題，亦即，「在可行的情況下，國家是否可以間接阻止對行爲者看來不利的〔純粹自主〕行爲」（V.9，頁二九七）。例如「政府是否應當提高有不良用途商品的稅收，或者增加他們開業的困難」（V.9，頁二九七至二九八）。他認爲「我們要有更多的辨別能力，才能有恰當的答案」（V.9，頁二九八）。

刺激品的特種稅務（V.9）

從一方面說，單單爲了控制消費量而使用社會的權威是不合法的：「對正常商品無謂的加價必須禁止，對不良用途的商品，由於它能刺激特殊的嗜好，可以處以罰金」（同上）。用自己的錢，買自己喜歡的東西，像酒或毒品，只要不危害他人，是他的自由。

從另一方面說，使用社會權威增加國家稅收而課稅是合法的，如果這種收入是政府用度和維護社會道德的主要來源。由於「大多數國家的稅收是間接的」，因此社會「對某種商品的買賣雖然不能禁止，只好科以罰金」（同上）。罰金既然不可避免，社會則必須十分謹慎地考慮何種商品「超過了適當的消耗量，〔對消耗者〕也有肯定的傷害」（同上）。這種刺激品的特別稅「不但可行，且應當得到社會的贊同」（同上）。

在這裡彌爾站在社會的立場上，辨別了社會所不滿意的自主行爲中合法和不合法的稅收。在自主行爲中的稅收，如果是爲了增加政府收入以便執行法令上的任務，是合法的。[1]然而如果只爲干涉消費，無關國家的收入，則不合法。從現代社會福利國家（welfare state）的環境看來，這是一個很好的定義，因爲這些政府常會無止境地收稅。不過我們得注意，除了把政府的自由視爲執法功能的極限，彌爾並不排除間接稅收有不再用於政府預算的可能。在先進而擁有大量財富的社會中，舉例來說，稅收必須完全來自民衆直接的賦稅。假如果眞如此，那麼刺激品的特別稅收並無法增加國家的收入，社會對個人自由的干涉也就不再合法了。

商品供應的限度（V.10）

有關社會權威壓制賣酒商人的作爲，它的適當性配合了行動的目的。一方面說，「限制有如啤酒和酒店的數量，作爲增加他們經營困難和降低誘惑的動機是不合法的」（V.10，頁二九八）。這種家長式的行爲（paternalism）對待想要喝酒的人（尤其是工人）有如小孩，也侵犯了消費者依照自己意願而購買商品的自由。

但從另一方面說，限制酒商的數量是可以接受的，因爲那是社會爲了調節市場和預防犯罪時所做措施中附帶的產品：

因此，社會必須要有權力控制商品的出售（至少是當場的購買），只給行為端正或者保證行為無虞的人；控制商人營業的時間以便監督；如果由於業者的縱容，經營不當，或者在營業場所內計畫犯罪的行為，而事故一再發生時，社會得吊銷他們營業的執照。（同上）

再說，沒有一件商品可以有絕對的買賣權，不受任何牽制，因爲市場不是一個純粹自主行爲的地方，而放任政策也不同於自由放任原則。後者在某種程度上會因商品的禁令而受到社會的干涉，雖然消費者只要不危害他人，仍然有權購買他們要買的東西。[2]可以注意的是，如果老闆經營妥善，警察能提供二十四小時的服務，酒店的數目不一定要受到限制，而他們也可以全天營業。

自願的聯盟和強制性的契約（V.11）

彌爾下一步談到他兩個準則的運用，當「多數的個人」決定「聯合起來」，以彼此同意的契約作爲協調，是否可以視爲獨立的團體而與旁人無涉（V.11，頁二九九）？無需多言，這種團體當然享有它自由的權利，可以依照會員一致的意願而進行屬於自主行爲的工作。不過，一旦他們的一致性不能堅持到底，會員們可以重新磋商，選擇不同類型的契約，同時也依賴社會的力量來強制契約的履行：「即使只與他們自己相干，他們必須爲了彼此的原因而遵守契約；

當新的契約訂定後，他們就得把它視爲一般的法規，而照章遵行」（同上）。違反契約不僅傷害其他的會員，也破壞了契約法律的意義。社會有權使用法令或輿論來強制每一成員盡到他們自訂契約的義務。

雖然社會有干涉契約的權威，但誰都知道，社會想用這種強制的力量來達成任務並不容易：「從法律上說，〔守約這件事〕難免都有例外」（同上）。事實上，「如果契約對他們自己有害，他們也有足夠的理由解除契約的責任」（同上）。

自願賣身爲奴隸

作爲一個「極端的例子」，彌爾指出賣身爲奴的契約：「一個賣身的契約，或者同意把自己出賣成爲奴隸的契約」，是不能成立的，因爲它「既不能用法律，也不能用意見，來強制執行」（同上）。彌爾認爲，即使沒有受害的第三者，社會必須干涉這種契約是「顯而易見的」。賣身者不能放棄他自己的自由：

> 把自己出賣為奴，他放棄了自由；在這個簡單的行動之後，他捨棄了自己未來一切行為的自由。在這種情況下，在他自己的案件中，他因而破壞了自己還能考慮賣身的目的。他不再有自由；從此也不再能享受自由的恩惠，而他是自願如此的。
>
> （V.11頁二九九至三〇〇）

假如奴隸契約可以強制執行，那麼當一個人賣身之後，他便不再能自由決定是否要保留奴隸的身分了。他不能自由選擇，從此也不再知道他是「自願如此」，還是「可以忍耐」（V.11，頁二九九）。更何況，若要追根究柢，我們也無法確定他的蓄意爲奴是否有助於他的自我發展，或者是他幸福的來源，「除非是爲了其他的緣故，我們也不能對他自願的行爲隨意干涉」（同上）。因此，沒有一個維護自由價值和個人意識的社會可以正常地否定奴隸契約：「自由的原則不能要求一個人用自由去放棄自由。而容許他放棄自由，也不算是自由」（V.11，頁三〇〇）。

彌爾認爲社會可以合法干涉自願爲奴的事實，令許多評論家感到意外，因爲這似乎違反了他的自由原則。我們可以承認社會有權管制市場上商品的販賣，因爲「貿易是一種社會行爲」（V.4，頁二九三）。社會甚至還有權禁止某種商品，如果它唯一的用途是用來傷害他人，購物者也不得使用這些商品。然而在奴隸契約中，標售的商品是賣家本人，買家不可能用他去傷害他人，那麼買家應當有完全的自由購買，而禁止賣身的事實，不僅不當，也不合法了。

彌爾對此並不認爲自相矛盾。他有別的考量。奴隸契約奇妙的地方在賣家把自己當作商品，但其中仍然包含了依照自己的判斷和好惡而採取行動的自由。只要賣家願意而買家喜歡，問題便不存在。然而當賣家後悔，想背叛買家，贖回自己的自由時，這張契約卻不能提供雙方的同意。它的困難在，社會早已承認了這張契約，而社會只能強制性地維護契約的狀態。個人放棄了自由的事實，迫使社會不能再依法代表這個奴隸而出面干涉。

在這種處境中，由於買家所購買的這件耐久性商品（durable commodity）在性質上還有一些不甚明確的地方，因而自由準則的運用變得更爲困難。買家買下的奴隸願意永遠做奴隸嗎？抑或這個奴隸遲早有改變主意的可能？既然有這些不明確性存在，我們不能說買家有全盤的自由買了一個自願的奴隸，而沒有帶給人傷害。然而眞正的問題在，如何從自由和社會禁賣奴隸的權威中尋找平衡。事實上，在這個極端的例子中談論平衡是個錯誤。社會若不決心維護奴隸契約（因爲契約一旦成立，實際上便不再有自願與非自願的差別了），便得決心放棄它。顯然任何一個社會，只要重視個人意識和以自主行爲作爲自我發展的道德規劃，都不應當承認奴隸的契約。在這種社會中，個人爲了他人而選擇放棄自由不是自主的行爲。相反地，那可能是對社會權威的挑戰，特別是有關社會對個人在自主行爲中平等權利的維護。

這樣說來，彌爾可能是對的，當他說一個維護自由原則的社會必須禁止賣奴的行爲。一個人買下了也控制了另一個人，並不是自由的權利，奴隸契約在本質上是不能追悔的。社會不可能承認它而沒有犧牲賣家（也就是奴隸）自願或不自願爲奴的辨別功能。除非能證明賣身者在賣身時的心態是固定性的，且賣身者絕不後悔，也絕不要求毀約，社會必須拒絕接受這樣的奴隸契約。

也許有人會說，這種拒絕並沒有達成預期的目的。然而非強制性的手段卻會有效地遏止賣身爲奴的行爲。沒有一個理性的買家會購買一個得到社會允許，有毀約自由的奴隸。當然，如果有人強迫另一人變成奴隸，社會可以合法地制止這種危害他人的行爲。

有些人也可能在一個短暫的時間內把自己的服務或者愛情（當然不是賣身）出賣給他人。然而這一類的職業合約，或者婚姻契約，必須要與奴隸契約中對自由全盤放棄的現象劃清界限。事實上，生計的維繫、愛情，以及其他「生活上的需要……，常常也會要求我們放棄自由，我們都會同意接受，也會接受應有的限制」（V.11，頁三〇〇）。而且，一如前面我們所談到摩門教的問題（IV.21，頁二九〇至二九一），彌爾很不輕易接受永久性的契約。職業和婚姻的合約，國際間的條約等等，都宜在某一時段後附加自動註銷的條款，給大家開啓一個重新談判的機會。

自願的解約和解約的許可（V.11）

彌爾指出他的自由準則在自主行爲中有全盤的自由，包含彼此同意時可以解除雙方共同訂定的承諾：「任何義務人，如果沒有第三者的牽連，都能自願解除對方的承諾」（V.11，頁三〇〇）。「即使沒有這種自願的解約」，他繼續說，「我們仍然可以解除契約或者合約，除了涉及金錢或金錢價値的契約，也許沒有人能說怎樣的契約或合約不能有解約的自由」（同上）。

顯然地，違背他人的意願而解約不是自主的行爲。社會有權讓人失望來阻止他對旁人的傷害，即使他已經得到鼓勵，不論是透過「清楚的承諾還是行動」（同上）。不過雖然社會有合法的權威讓人履行契約，常常也可以讓人在契約上失去希望。這種放任政策跟自由準則是截然不同的。

爲了說明社會權威通常都會強制契約的遵守，彌爾簡略地提到洪博特（W. von Humboldt，普魯士哲學家）的理論，以爲「一切牽涉到私人或服務的合約」都應有一個有限的時間，特別是婚姻，「只要任何一方面提出要求，就可以解除契約」（同上）。彌爾否定這種意見，認爲太過簡單了。他相信在婚姻關係的契約中，爲了防範任何一方忽視道德的責任，或者第三者，例如子女的存在，這時可以使用的應當是社會的輿論，而不是法律：

> 當一個人不論他用清楚的承諾還是行動，一再鼓勵他人用某種方式採取行動來提升期待和計畫時，而把他想像中的生活計畫作為賭注，都應當對此人負起道德上的義務。這些義務可以被壓制，但絕不可以被忽視。還有，如果兩人契約的關係牽涉到其他人；如果契約給了第三者某種特殊的地位；又如果在婚姻中出現了第三者，而這第三者存在的一切責任應當由簽約雙方同時負擔。……即使有如洪博特所說，〔這些責任〕如果並不影響雙方法律的自由而解除契約（我也認為他們不應當有太多的影響），他們必須在道德的自由上產生重大的影響。當他採取的行動有可能影響契約中其他人的利益時，他必須考慮一切相關的情況；萬一他不能做適當的考量，至少應對這錯誤負起道德的責任。
>
> （V.11，頁三〇〇至三〇一，底線是原有的）

在某些特殊情形中，社會可能需要給人解除婚姻的特別許可證明，如果一方所受的傷害大於所受的利益。儘管如此，個人在離婚的問題上不能享有全盤自由的權利。

「自由觀念的誤用」（V.12-15）

彌爾其次談論到一種個人的自由不適用他的自由準則，儘管「在現代的歐洲國家中」卻得到強烈的支持。最重要也是最「直接影響人類幸福」的一種，他認爲是「家庭的關係」，因爲一般人都相信丈夫有權代表妻子和兒女執行一切任務，而以「家庭事務就是他的事務爲藉口」（V.12，頁三〇一）。然而在自主行爲中，自由的道德權限不可以跟壓倒他人或者控制他人的行爲混爲一談。[3]舉例來說，人們根本不應該有權力去約束他人的自主行爲。因此，功利主義的理論不可能支持「丈夫給妻子近乎暴力的行爲」（同上）。事實上，「妻子應有相同的權利和在相同的形式下受到法律（包含契約）的保護」（同上）。[4]

再者，雖然政府官員乃至普通公民都應得到法律的信託來執行合法的權威，保護他人免於傷害，一般的權宜還是交由民主政治的機制來做監督和權衡，確保沒有隨心所欲而控制他人事情的發生：「任何一個尊重自主行爲自由的國家，肯定都會加強警戒，遏止人們占有他人的力量」（同上）。[5]

但彌爾更關心兒童「自由觀念的誤用」（同上）。他的自由準則顯然不能直接運用在兒童的身上。任何一個還不能用理性思考和自我發展的人，爲了他自身的利益，需要接受旁人的照顧。社會則有合法的權威來監督人們（包含父母）在合理的情況下保障兒童的利益。

兒童的教育（V.12-14）

至關緊要的一點，社會當然有權用法律的力量來強制父母給他們的子女提供適當的教育：

> 一般人似乎還沒有意識到，生育兒女而不為他們的前途做應有的設想，讓他們的身體得到食物，心靈得到指導和訓練，是道德上的犯罪，且會造成後一代的不幸，也造成社會的不幸；父母如果不能盡到這份責任，國家可以用最大的力量促使他們達成任務，包括費用的負擔。
>
> （V.12，頁三〇二）

言外之意，政府似乎不必獨力承擔教育的責任，甚至學校的設備：

> 政府可以讓父母隨自己的意願，決定子女接受教育的地方和形式，也可以就他們所能，幫助貧苦兒童負擔學費，也為那些無人代付學費的孩子承擔全部教育的開銷。
>
> （V.13，頁三〇二）

事實上，彌爾反對政府可以管理「全部或部分民眾教育的問題」，除非這個社會「太落後了」以致沒有其它的選擇（V.13，頁三〇二至三〇三）。

然而這並不意味說，政府必須舉辦「爲兒童設置的公共考試，從某一年齡開始，作爲法律的依據而執行強制的教育」（V.14，頁三〇三）。在他的觀念中，這種一年一度的考試將會

「逐漸擴充學習的範圍」，並進而要求「某種最低限度的普通知識」，以便順利通過考試。對於那些不能通過考試兒童的父母，政府可以給他們科以「數字甚微的罰金」，作爲一種加強自己責任感的推動力（同上）。

除了強制性最低限度的考試外，政府還「應有各種不同科目的自願測驗，讓那些對某一學科具有專精程度的人取得合格的證書」（同上）。至於有關「較高層次的考試」，最好把內容「限制在實事求是和正面的科學知識上」，以免政府「在意見上或有不恰當的影響」，尤其是「一些具有爭議性的科目」，例如宗教和政治（同上）。

既然政府並不獨力擔當或管制學校，彌爾認爲父母也可以「讓兒女受到宗教的教育，那不過是如同學校裡另外的一項科目罷了」，不過需要注意的是，「不要求他們宣稱自己的信仰」（V.14，頁三〇三至三〇四）。儘管宗教的偏執性日益增大，他仍然相信政府可以在公共考試中加入宗教一項，而不會干擾宗教的自由。

至於「在較高層次的知識」教育上，包括宗教在內，受教者應當「全盤出於自願」（V.14，頁三〇四）。得到合格證書和學位的人，不論是什麼科目，不論在什麼職場和地方，都應該有足夠的競爭力。只要政府不以「不合格爲理由排除人們就業的機會，例如教師的職業，政府不恰當的影響便不會存在」（同上，亦見Mill，一八四二）。

生育的控制（V.15）

自由的錯誤觀念也讓人們模糊了社會合法權威的認識，亦即它如何調節「下一代存在」的問題（V.15，頁三〇四）。社會有完全合法的權力防範夫婦給另外一個生命帶來痛苦的一生，生下孩子卻不給他「最尋常的生存機會」（同上）。社會可以恰當地「禁止結婚」，比方說，「除非雙方證明有足夠的能力撫養家庭」（同上）。推廣說來，它也可以強制夫婦使用適當的生育控制，以免給國家增添更多的育兒場所。

即使夫婦雙方都有足夠的資源撫育子女，社會仍然可以勞動階級爲由，要求減低生育，避免勞工過剩的傷害：

一個人口過剩，或者受到人口威脅的國家，如果生下太多的孩子，社會將〔在長時期中〕受到競爭下降、報酬降低的影響，這對靠勞力為生的人來說，是一種嚴重的傷害。（同上）

不論適宜與否，這種行爲「都是不可否認的自由侵害」（同上）。沒有人從道德的立場上堅持他可以隨心所欲地生育。「這些國家制定的法律是要阻止不當的行爲，對人既有害，也是社會的羞恥，即使不能加上法律的制裁，至少是一件値得譴責的課題」（同上）。

不過，社會現存的主流思想還是認爲政府的介入非法地傷害了個人的自由：

當我們把人類對自由古怪的尊重和對自由古怪的不尊重之間做一個比較時，我們恐怕會以為人有絕對必要的權利去傷害別人，卻一無權利讓自己開心而不給人痛苦。

（V.15，頁三〇四至三〇五）

拒絕合作的自由（V.16-23）

作爲本章的結論，彌爾討論了一些問題「雖然看來與本論文息息相關」，他說「卻不屬於它的範圍」（V.16，頁三〇五）。這些問題不牽涉社會對個人自由行爲的干擾，也不連累個人自主行爲自由的權利。

這些問題不在限制個人的行動，卻在幫助他們：我們可以問，政府是否應該主動去做，或者間接促成某些對人有利的事情，而不是等待他們自己個別地或者聯合地去做。

（同上）

嚴格說來，這些行動也沒有對人的傷害。事實上，當這些事情發生時，在某種程度上，個人的行爲給了他人清楚可見的利益而沒有違反他人的意志，和給人不便。假如人們彼此同意合作，他們所獲得的利益也必然屬於他們自己的團體，這樣的行爲無異就是聯合起來的對己行爲了。不過如果其中部分的利益並未經過當事人的同意，而流入第三者的手中，這將是一種對人的行爲，只是我們看不見任何理由第三者會拒絕接受這分旁人送來的禮物（例如公共物

資）。【6】

然而假如人們還不懂得相互合作（mutual co-operation）的利益，他們也就不會有如前所說的反應。問題是，社會是否應該使用權威確保合作的利益，即使民眾缺少合作時應有的規範？特別是，社會是否應該介入這種利益行爲？或者強制人們依照法律和政策處理他們的合作？再不然，是否個人也應該依隨自己的意願學習合作，借重輔導和鼓勵，而不是強迫？

現在看來這些問題還是跟我們有關，因爲雖然這裡沒有強制，一旦人們不採取行動（failure to act）卻可以受到干涉。問題是，社會是否應該防止人們的不行動，亦即放棄合作的利益，雖然只有政府不願意，凡是有理性和道德感的社會成員都不應當放棄。

除非萬不得已，彌爾建議政府不要過問這些事務，雖然社會有權強制人們從事公益行動，不論直接還是間接，利用稅收來建立一個更活躍的政府。然而從大致上看，放任政策的選用，在這裡顯然會有更好的效果。【7】

放任政策的原理（V.18-22）

彌爾舉出了三種理由，贊成個人或團體學習幫助彼此從事公益的事業，而不必依賴政府。

政府相對性的無能（V.18）

「當一件事交由個人去做，且做得比政府更好」時，社會便不應干涉他們（V.18，頁三〇五）。一般說來，一個把自身的興趣完全投放在事業中的人，一定最適合經營這樁事業，或者至少是最恰當的經理人選，那麼政府便不宜干擾他們「日常的經營流程」，迫使他們「請求政府從稅收中給他們援助」（同上）。這種放任政策的經濟原則，彌爾在他的《政治經濟論》（一八七一，Book 5, Chapter XI）中有更詳細的討論，也曾明言此事「與本論文並無特殊的關係」（同上，比較V.4）。

個人意識的栽培（V.19）

即使「在一般的水平上」政府官員有可能把事情辦得更好，但不干預政策仍然應當使用，因爲這才有利於人們把他們自己的事業「當作精神教育的一部分來做鍛鍊」（V.19，頁三〇五）。一如法庭上做判斷的是陪審團而不是法官，民間的慈善事業，在替生活貧苦的人提供支援時，也會比政府做得更爲有效。從各種合作事業的企圖中我們也會看見這種強烈的趨向，例如自動組成的救火隊，街道清掃，以及地方性的服務，也往往比政府更易達成目的。

個人在這種慈善行爲的表現中，雖然不能像自主行爲那樣從心所欲，也同樣會擴展自我發展的空間，尤其是對「公共利益」（joint interests）、「公共關懷」（joint concerns），以及從習慣性「公共或半公共的動機中」追求「結合大衆意志的目標」，讓人懂得團結而不是孤立的重要（同上）。「沒有這樣的習慣和力量，自由的制度既不能建立，也不能保持久遠」（同上）。

給個人和自動組成的團體自由，在各種不同方式中發現民衆合作的成就，政府也可藉此倡導有如培里克利斯的生命理想，達成自主行為所最關心的自由目標。

> 一切國家能夠做到的有用的事情，是想讓它成為人們經驗和嘗試的聚會場所，變成一個活躍的經驗流通者和傳播者。它的職責是讓每一個嘗試的人取得他人嘗試的經驗，不是只有政府可以做，而旁人不能做。
>
> （V.19，頁三〇六）

對集權主義國家的預防（V.20-2）

最後也是「最有力的」一個反對干預的理由，是避免「替〔政府〕無謂地增加權力的罪惡」（V.20，頁三〇六）。彌爾不同意功利主義的社會有一天擴展成為龐大的官僚制度，把社會精英都吸收在它的體系下。他相信，如果讓這些「充滿才幹和野心的官僚」管理社會，我們的社會將不再有對官僚制度的批評。人們不再用自己的方式協助彼此的事業，而一切仰望於官僚政府，諸如「大衆對未來方向的追求；能幹和心懷大志之人每一步的升遷」（V.20，頁三〇七）。

只要有整齊劃一的規章和管理人們生活的本領，一個官僚集權主義（bureaucratic despotism）就這樣誕生了，「一切等待官僚發號施令，對他們不利的事情，也不再有人做了」（V.21，頁三〇八）。「只要這部行政機器的結構更效率化，更科學化，它的罪惡將更壯大，也將會有更多的技倆招攬第一流的能手來為它效勞」（V.20，頁三〇六）。官僚政府的組織和規則「愈加完善」，「民眾，包括官僚自己的束縛，也將更加徹底」（V.21，頁三〇八）。極端地說，在官僚政府裡，沒有人能反抗他們的慣例和標準，甚至有如俄羅斯的「沙皇也無能對抗官僚主義的集團」（V.20，頁三〇七），或者有如中國，它們的官吏，也就是所謂的「滿大人」，「不過是集權主義下的工具和可憐的生命，與卑賤的種田人沒有兩樣」（V.21，頁三〇八）。

相對而言，當個人和自願組成的團體習慣在沒有政府干擾情況下合作的經營時，有如美國和部分的法國，官僚暴政的危險便會降低：「沒有官僚有辦法驅使像這樣的民眾去做他們不願意做的事」（同上）。這並不是說，暴政的危險便不存在了，例如他們會用羞辱而不是法律，來干擾自主行爲中個人的自由。但人們不會再容忍政府假裝幫助他們，去做他們合作時做得更好的事情。

彌爾還強調說，一個官僚主義管轄的社會遲早會陷於停滯和衰敗（stagnation and decline）：「把國家最能幹的人才吸入政府的體系，對這個體系而言，會造成精神和進步的傷害，這只是一個早晚的問題」（V.22，頁三〇八）。除非能接受外界「平等而有警覺性的監督」，官僚政府將逐漸沉淪在「懈怠的例行公事中」，或者「把官員潦草提出的構想」當作寶貝，緊抱懷中（同上）。若想在官僚政府和社會中提倡個人和創造的精神，必不可少的條件是讓各種不同性質而獨立的團體給這政府隨時隨地的檢驗。獨立的團體應當有自由批評政府的能力，同時也能從事他們自己的事業：「如果我們不想我們的官僚政體淪爲虛假的門面，這個政體絕不容許把構成和栽培全部社會事業的人才獨攬在自己的手中」（同上）。

自由功利政府的準則（V.23）

功利主義的社會必須能權衡社會秩序和協調的福利，這種福利其實官僚政府也能提供，如果他們能避免由於不鼓勵個人和團體的合作所造成的壓力和停滯。不像彌爾給自由準則所做的「絕對規則」，他只主張「盡可能分散權力，以不影響行政效率爲上，但得盡最大的努力蒐集資訊，並交由一個中心機構來傳遞」（V.23，頁三〇九）。他最關心的好像是官僚政治在蒐集和發散情報的工作上，必須懂得約束自己的力量，而不使用法律的平等規則，來協助政府以外的團體進行公衆福利的合作：「政府不能有太多妨礙這類事業的活動，卻需要協助和刺激個人的創造和發展」（V.23，頁三一〇）。官僚政府也不可以把個人強制性地納入依照他們的標準所建立的合作模式中：

> 當個人和團體的活動不受歡迎，而官方的活動取代了一切時，禍害就要發生了；不給人提供資訊、輔導，還時時給人責難，這無異是讓人在手鐐腳銬中工作，或者叫人站開一邊，自己來越俎代庖。（同上）

我們值得在這裡回顧一下，像這樣的建議，要求政府提供資訊卻讓民衆追逐他們自己的公益事業，「嚴格說來」，是不同於自由準則的。二者的目標都在增進個人意識的栽培和發展，但當自由準則鼓勵自主行爲全盤的自由時，他只建議政府不要強制個人去做公益事業，即使目前他並沒有設定任何相關的規章。當社會放棄強制，團體的成員會自己訂立必要的規章。然而不到個人取得了這些規章前，他們並不能順利地跟他們的夥伴合作。

在這同時，我們在自由準則和目前的建議之間看見了一個「密切關係」。一旦個人有了公共合作的規章，他會自然而然地在自主行爲中加入互利的行動。在這之前，人們不會自動選擇互利工作，因爲他們缺乏必要的智能和道德的力量。

這個自我發展中的合作層面，看來就是彌爾建議用放任政策的主要原因了。假如這個推想不對，那就可能是政府的干涉比放任政策更能擴充社會的福利。因此，一般的放任措施還需有進一步的討論，讓人明白爲什麼他們能給自己更多的利益，而不必接受政府的託管。他的答案似乎帶動了另一個觀念，亦即，大多數人在單槍匹馬的自主行爲中，更容易想到公共合作的好處，而不是一味地聽命於法令的約束。

進階閱讀建議

有關自由學說運用一章的參考書大多都沒有太大的用處。許多評論家對此一章不是敵視，便是感到困惑。他們認爲彌爾的第五章荒謬地拋棄了他自己「一個非常簡單的原則」，使得他們也乾脆忽略他全部的議論。參閱 Bernard Bosanquet, *The Philosophical Theory of the State*（1899）, 4th edn（London, McMillan, 1923）, esp pp.55-63, 117-19；和 Gertrude Himmelfarb, 'Liberty: "One Very Simple Principle?" 收於她的 *On Looking Into the Abyss: Untimely Thoughts on Culture and Society*（New York, Knopf, 1994）, pp.74-106。

一個較爲嚴肅的討論見 C. L. Ten, *Mill on Liberty*（Oxford, Clarendon Press, 1980），特別是 Chapters 6-8。儘管有這些對彌爾的自由主義深表同情的學者，例如田清流（譯音），但他們對這冊「教科書」重新的解讀，仍難讓我們看清楚他的自由學說和運用有何相干之處。最用心也最具影響力的著作，有 Joel Feinberg , *The Moral Limits to the Criminal Laws*, 4 vols（Oxford, Oxford University Press, 1984-8）。Ten 和 Feinberg 二氏的言論我將在下面第七和第九章中再作討論。我會臚列他們的重點，並與我個人的理論做比較。

至於有關彌爾對放任經濟原理的觀點，對避免長期影響勞力市場而施行生育控制的要求，以及論資本主義和社會主義的對立，見 J. Riley, 'Justice Under Capitalism', in J Chapman and J.R. Pennock, eds, *Markets and Justice: NOMOS XXXI*（New York, New York University Press, 1989, pp.122-62; Riley, 'Introduction', in J. Riley, ed., *John Stuart Mill: Principles of Political Economy and Chapters on Socialism*（Oxford, Oxfor University Press, 1994), pp.vii-xlvii; and Riley, 'J.S. Mill's Liberal Unitarian Assessment of Capitalism versus Socialism', *Utilitas* 8（1996）: 39-71。

彌爾有一分重要的公開宣言，附加在他自己的結婚合同書內，與他的自由原則論調完全一致。有關它的討論，見 'Statement on Marriage'（1851）, in J.M. Robson, gen. ed., *Collected Works of J.S. Mill*（London and Toronto, Routledge and University of Toronto Press, 1984), Vol.21, pp.97-100。

有關他教育觀念的討論，見例如，Mill, 'Inaugural Address at St. Andrews'（1867）, in Robson, gen. ed., *Collected Works*（London and Toronto, Routledge and University of Toronto Press, 1984）, Vol.21, pp.215-57;和Mill, 'Endowments'（1869）, in Robson, gen. ed., *Collected Works*（London and Toronto, Routledge and University of Toronto Press, 1967）, Vol.5, pp.613-29。

第三編　一般性的爭議

第七章　自由的功利主義

自由主義不能和功利主義相容嗎？

一般傳統對彌爾在推理形式上的不滿，是他認為自由主義不能和功利主義相容。根據一系列的抱怨，我們知道問題在於他不接受功利主義要求個人為了社會其他成員的福利，而放棄自己權利的事實。假如一個富人的私有財產轉移給窮人，而能形成更多的社會幸福；又假如一個美女向邪惡的侵略者屈服，便能從暴君手中救回國家；以功利主義來看就會要求富人轉移財產，也會要求美女犧牲她的生命和自由。自由主義對個人至為重要的利益保障，有如道德的權利，在功利思想的擴充下被原則性地淹沒了。

如果自由的功利主義（liberal utilitarianism），或者相對而言，功利的自由主義（utilitarian liberalism）自相矛盾的話，許多自由思想家已經把焦點轉向非功利形式的推理，以求個人的權利在競爭的考量中不失其道德的重要性。例如羅爾斯（Rawls，一九七一，一九九三）在他卓具影響的公平原理（theory of justice）中採用了一個理想契約的形式，讓基本平等權利的第一原則優先於第二原則。他相信彌爾的原則和他的契約原則有真正的血緣關係，亦即「公平的混合概念」（mixed conception of justice），在基本平等權利的自由原則中，相對於功利的原則，有絕對的優先權（Rawls, 1971, pp. 42-3，n.23, 122-6, 315-16）。繼羅爾斯之後，哈特（Hart，一九八二）承其餘緒，他們幾乎成爲今天解讀彌爾自由主義最占上風的著作。

事實上，一如田清流（Ten，一九九一）所言，「修正主義的功利」理論，經過格雷（Gray，一九八三）、伯格（Berger，一九八四）、史歌路普斯基（Skorupski，一九八九），以及其他諸人結合彌爾的自由主義之後，看起來很像就是羅爾斯所說的一種「混合概念」。的確，驅動修正主義（revisionism）力量的本身，就是功利主義內在的道德考量。然而我們目前卻找不到更好的理由來推翻傳統的觀念，認爲集體福利（collective welfare），或者集體自我決定性（collective self-determination）的擴充是個人權利（包含自我決定和個人自主）遭到犧牲的主因。[1]

這並不是說沒有更好的理由。在這一方面，那些持傳統反對意見的人，把反對理想公益的概念視爲當然。但在人們能接受這個假設前，許多事情還有待澄清。我們不能因爲一些粗淺或者烏托邦式的公益概念，接受個人權利不合法地遭到限制，就認爲即使較好的觀念也是如此。

反對彌爾推理形式的另一主力，不相信功利的自由主義可以通行無阻，因爲他們從來無法取得人們幸福的必要資訊。他們認爲，合理而一貫的權利體系無法在功利觀念中生存，因爲像這樣的體系在道德的領域中很難想像，而它在多元和難以計算的價值觀（包含自由正面的和負面的影響）中，更常有悲劇性的衝突。這種對多元性的不滿，也適用於羅爾斯理論的批評，而在柏林（Berlin，一九六九）、泰勒（Taylor，一九八二）和格雷（Gray，一九八九，一九九五）等人身上，也能清楚看見。

例如格雷，他相信自由的功利主義面臨了「一些棘手的問題」（Gray，一九八九，頁二二〇）。他說，我們不知道該怎樣比較不同的人在功利上不同的收穫和損失，這都是功利主義不能不計較的問題。再者，假如（一如彌爾所想）功利有不同的種類和外在的品質，我們不僅對它一無所知，就連個人自己內在得失的比較（intrapersonal comparison）也有如蒙在鼓裡。一旦我們認識了這些難以計算的價值問題，「彌爾的功利主義便會應聲解體，……變成有如爛泥一般且無意識的價值多元論（value-pluralism）」，而「一個非常簡單的原則……在這時是不可能產生的」（同上，頁二二四）。

他用這同樣的視角追蹤了柏林。他說柏林做了一個重要的「反對」，「彌爾的幸福觀相當支離破碎，要用它來做幸福的推算是沒有希望的：事實上，它正確地指出了人類複雜而不可約減的善良天性，那正是柏林多元論的發現」（Berlin，一九九五，頁六一）。因此，「有違他的初衷，彌爾的自由主義終究不能作爲功利思想在倫理上的應用，因爲自由的功利主義終究並非醞釀道德和政治的溫床」（同上）。

格雷堅持說，自由主義必須面對多元性文化的挑戰，並且心甘情願地接受或多或少不合理的權益衝突，例如不同的社會環境，以及從不同文化歷史中產生的思想，而不只看人類全體如出一轍的理性表現。在理想的公益觀念中，如果一個理想的權利體系和諧地融入另一個社會價值的體系，柏林相信那只是一種理性主義的神話，而且還會帶來危險，讓那些相信此一神話的人，在他們「追求理想」的迷惘中，盲目地傾向於權威的獨裁主義思想。不過話說回來，我們需要更多的說明才能想像道德是多元和無比善良衝突的焦點。我們如果多加研究，或者讀一讀蘇格拉底的對話錄，也許可以解答這些表面上看來相當棘手的道德難題。

功利主義的自由主義，不論傳統的反對還是多元論的反對，仍有很大的討論空間。自由的標準功利主義（rule utilitarianism）很有可能成爲令人信服的替代。按照標準功利主義者所說，公共事業最好用間接的方法進行，依循一種理想的標準典範，而不是直接的調查，或者利用某種活動來擴大功利的成效。功利主義者如果能聯合一致，共同爲這個典範努力，他們會找到最多的幸福；比起其他的方法來，這樣找到的幸福也會更加高尚。

另外值得注意的一點是，爲典範而獻身的功利主義者無異把自己專注於美德和意志的價值中，在依循典範的同時，也給了典範更多的思考。換言之，標準功利主義暗示了信仰者必須認識存在於不同人身上不同性格的價值。這並不是說每人必須在典範施行前，把自己的性格鍛鍊成完美。然而人們必須因此發現了性格的意義，而在這個典範成爲社會主力之前，至少能給自己增加幾分完美。如果人人都能注意自我發展中的完美性，在聯合起來爲典範努力時，標準的功利主義即將與行動的功利主義（act utilitarianism）合而爲一了。這些標準是人們良心內在的指導，人人以它作爲行動的指南。然而像這樣思維的基礎論調，只是標準功利主義的一種形式而已。

反對傳統意見的批判

談到傳統反對的意見，我們有足夠的理由相信，恰當的功利主義對一般公益的觀念一定會牽涉到自由標準的典範，而相關的自由權利和責任也由此出現。理由之一是，人們一如我們自己，都太過自私而不願意輕易爲公共事業效勞，如想改變這種偏頗的天性，我們得付出很大的代價。同時，爲了要從自我改進中消弭自己不當的自私個性，我們必需要有自由來做思考和選擇自己的行爲，即使這些選擇並不常常有助於公衆的福利。人們要有自由才能脫離功利主義不近人情的苛刻要求，亦即是，我們無時無刻都有爲擴張公共利益而盡力的義務。

第二個理由是，自由標準和權限能夠提供獎勵和保證，這對一個充滿自私的社會十分有用。比方說，如果想擴大市場的生產和服務，社會便應建立某種私有財產和市場契約的標準和權限，用來對自產自銷的水果商人，比方說，保證他們的勞力和投資，同時也爲辛勤的勞動者、儲蓄者和企業家提供獎勵。同樣情形，如想增進人們身體和財務的安全，社會便得設計一套預防犯罪的標準和權限，用來保證原告和被告的權利，同時也爲雙方勤勉的代表和認眞的證據蒐集人提供獎勵。相對而言，純粹的行動功利主義不能產生這種效應，因爲對自私的大衆來說，那是一種以集體方式呈現的價值。如果在某種情況下必須讓某人暫時脫離社會的約束，功利主義必須主動提出脫離的推薦。[2]

當然，如果功利主義最理想的典範得以成立時，人人都發展了他們自由的性格，那麼一切自由權利和責任的外在形式都會消失。但更重要的是，假如人人都把自己鍛鍊成公正不阿，不再自私地只顧自己的利益，許多熟悉的自由權利這時也會被認爲是次要的理想，且在良心的範圍內失去蹤影。如果一個經過高度發展的人能認眞地工作，聰明地投資民衆的福利事業，而不只是盼望獲得合作中的紅利，那麼生產資源的私有財產權便不再是功利主義的理想典範了。

然而在一個理想的功利社會中，不論其他權利的性質是什麼，依照彌爾的看法，有一個權利卻永遠值得保留在理想的典範中，那就是：純粹自主行爲的自由。正如他在《自由論》中清楚說過（**II.26-7, III.6, 11**，頁二四七至二四八，二六五，二六七），高度發展的個人，不像神人或聖人，仍然需要自由來維持（和發展）。他們令人羨慕的才幹，在處理和遵守對人行爲的規範時，能夠公正而不偏頗。人在得到進步的發展後可以沒有言論和生活的自由，是一個不正確的想法（**II.31-3, III.18-19**，頁二五〇至二五二，二七四至二七五；亦見下面第八章第二節）。因此，即使私有財產權和其他熟悉的自由權利都被納入特殊黨派意識的利益，而從功利主義的典範中消失，彌爾理想的功利典範將安然無恙地傳播和保證自由的權利。至於那些要求遵守典範來發展自己性格的人，將會需要一個新的平衡，介於合理而公正的道德意志和隨心所欲而不侵害他人的行爲之間。

反對多元論的批判

說到自由功利主義在多元論上的反對，無可懷疑地，我們在這中間找不到一個理想的道德觀，道德觀在這裡指的是所有罪惡都被剷除，而人人的美德都發揮到了極致，再也不會與人有任何的衝突。然而理想的功利主義有沒有這樣的道德觀卻是一個問題，儘管罪惡都有補償，美德和福利（例如安全、生計、富饒、平等、自由和個人意識等等）爲了使幸福得到最大的發展，也都取得了應有的協調和平衡。既然自主行爲的絕對自由是他們理想的功利道德上必備的條件（也是構成他們功利道德的元素），那麼彌爾所擔心集權主義鎮壓的危險也就是顯而易見的荒唐了。

至於功利主義爲了工作的方便，需要得到大量個人福利的資訊，現代的功利主義者已經提供了一套基本福利計算的方法（亦即在不同的選擇中個人福利的得失），以及人際之間福利的比較（參閱 Harsanyi，一九九二）。即使這些方法不無瑕疵，他們也還有另外的選擇，但爲何在實際的運作上沒有效果，則需更多的解釋。率直地說，如此豐富的資訊卻不能在原則上產生作用，它們也就不再有任何的意義了。

不過值得一提的是，一如邊沁，彌爾並沒有提到個人幸福所用的機械推斷方法。不像今天的功利主義者，他顯然視公眾利益爲一種理想自由標準的典範，無需透過集體的行動便能清楚看見，但若非大多數人在性格上有適當的完美發展，他的思想是很難被廣泛地接受的。在這同時，彌爾似乎相信任何一個能理性思考的人都會看見並肯定這個自由的典範，而那些用種種不同方法把它當作「理想的目標」來實現的人，將會「意外地」發現屬於個人的幸福。眞正的幸福因此跟理想典範的傳遞找到了直接的關係，完全符合自主行爲自由的原則。這個典範就是「自我限制」（self-limiting），意味著它只約束對人有害的行爲。

功利主義怎樣能給自主行爲絕對的自由？

田清流曾經有力地說明了自主行爲中絕對的自由不能用通常的功利主義來定位。他指出，功利主義者都典型地相信「自由的價值……完全依賴它對功利的貢獻。」既然如此，他問道，

「自由的『權利』怎樣能變成絕對而不可少？當這些權利在實踐時，不同的社會情況肯定會帶來不同的後果嗎？」（Ten，一九九一，頁二一三）。他的答覆是不能，除非外界的道德考量進入了純粹的功利主義，而保證得到彌爾所盼望的結果。在他的觀念中，彌爾爲了阻擋形式上的壓抑所畫分的界線，只不過是希望非功利思想的正當化而已，即使「功利主義」好歹已有了新的定義，甚至也擴大而包容了更多的考量。因此他認爲「彌爾是個十足的自由論者，他的觀念不符合享樂思想，或者有選擇性的功利主義」（同上，頁二三六）。

針對田清流的意見，我們不能不注意，即使「傷害」一詞有了更恰當的定義，但當個人進行他隨心所欲的自主行爲時，他給人傷害的可能性仍一無變化。我們已經看見，彌爾在《自由論》第四章中替「傷害」做了明白的交代：亦即有違他人意志而「可以看得見的傷害」，涉及身體、財富、名譽，乃至行動的自由。唯一的要點是，這些傷害必須不是社會權威所造成的。有了這樣的了解，自主行爲將永遠不會對人有「直接的、蓄意的」傷害。運用平等權利所選擇的絕對自由行爲，也不會違背人意而給人帶來不便。

不過田氏的反對仍然有它的生命。他相信「彌爾對自由的護衛不是功利主義的」，因爲功利主義忽視人的嫌惡、厭憎，以及自主行爲所帶來所謂「道德上的」不苟同：「功利主義者不能輕易放過我自主的行爲，因爲唯有從我行爲的後果中他們才能決定應該壓抑我，還是讓我自由，才能更擴大人們的幸福」（Ten，一九八〇，頁六八）。在個人自主的行爲中，人人都會有痛苦、厭憎的感覺，但爲什麼功利主義者不能接受？誠然，如果這些感覺被接受，它們可能會超越個人自主自由的價值，而迫使功利主義重新定義他們干擾的章程。如果對傷害有如此細密的關懷，而對人們實際的痛苦又有如此的反感，這是什麼樣的功利主義啊？

然而自由的功利主義卻不忽略人們自主行爲中最細微的厭惡感。人們的厭惡不能小視，因爲它是自由本身價值的一部分。在彌爾的學說中，社會給了人們平等的權力去完成他們行爲中全盤的自由，包括選擇朋友，和規避那些他們不喜歡的人。不過假如有人對我的行爲不滿意，這卻不能造成對我施展壓力的理由。因爲這樣做，否定了我自主行爲的自由，也剝奪了我自我發展的機會。與其把對人的不滿當作施壓的理由，功利主義者最好把它當作每人在自主行爲中應有的自由權利。任何人都有自由表現他對旁人思想和生活風格的意見，而且這樣做時，至少他可以按照自己的意志，發展自己的個性，也就是個人的意識。

可是爲什麼自由的功利主義不考慮個人行爲的不滿有超越自由價值的可能，而採取制裁的手段呢？我們已經見到，彌爾盡了他最大的努力來解答這個問題（III.1, 10-19, IV.8-12，頁二六○至二六一，二六七至二七五，二八○至二八四）。在衆多的用途中，他說，自主行爲的自由對個人性格的栽培有極大的重要性，同時它並不與其他人的栽培相衝突，因爲他們都能自由思想、自由行動，而不會給人任何的痛苦。假如一切果然如此，他的答案無異暗示了個人在自主行爲中的自由，要比我們想像中施以壓力的效果有價值多了。自主自由的功利遠較壓抑的功利爲高，因爲壓抑源於細小的不滿（即使並無逆人之意，也無有形的傷害），而任何自由的價值（不管它小到什麼程度）都會超越壓抑的價值（不管它大到什麼程度）。

這個判斷還會有爭議嗎？對不像田氏那樣珍重自由的人而言，確是有可議的。然而跟田氏爭辯自由的價值，並不等於反對自由的功利主義。把他人的不滿或者嫌惡視爲自主行爲功利計較中的一部分，堅持這種自由的功利高於防止傷害他人的壓抑，田氏說明了標準功利主義可以前後一貫地承認，平等的權利就是自主行爲絕對的自由。

我在別處也有詳細的解說（Riley，一九八八），彌爾的自由和個人意識學說其實是構成他複雜功利主義原則的一部分。他的學說明言，個人有道德的權利替只涉及自己事務的行爲做隨心所欲的選擇，個人也可以使用他的權利在自我改進中取得永久性的利益。由於不容許違反他人的意志而造成對人的傷害，每個人的自由權利也同樣需要得到保障。如果每人都用心栽培自己的意識，社會的改進（亦即社會中人人智慧和道德的增長）也就獲得了擴張。由於這種關係，一般功利的擴張也就不言而喻地說明了自主生活風格多元性的自由發展，人人都能享用。自由功利主義依賴人的權利來保證生活的多采多姿，並不需要價值多元論這一類形而上學的錦上添花。

自然懲罰會不會破壞彌爾對人／對己的區分？

有人會說，純粹自主的行爲和涉及他人的行爲之間已不再有明確的區分了，因爲彌爾自己便承認，自主行爲在「自然懲罰」（natural penalties）的形式中遭到了破壞（IV.511，頁二七八，二八二）。韓伯格（J. Hamburger）就是這樣一個例子。他認爲這種區分不過是修辭學上要的把戲，是虛假的自由鬥士用來僞裝他眞正的野心，蓄意摧毀當前流行的道德和信仰，以有如宗教一般壓制性的新功利主義來取代。爲了達成此一目標，像彌爾這樣「卓越的」知識分子的意見就變成了微妙的鎮壓工具，脅迫「低下的」商人和基督徒群眾重新安排他們的習慣，包含飲酒、賭博、嫖妓、遊手好閒等等生活。並無鼓勵人們去擁抱自主行爲自由的意思，韓伯格堅決相信，彌爾眞正的意圖是想以他自以爲是的「自由先鋒」做幌子，以自然懲罰做手段，讓群眾蒙上羞辱而放棄自己「自私」、「悲慘」的生活格局：

> 彌爾用來區分對己／對人行為的目的，是想給自由畫分界限，但結果看來是前功盡棄了。這種區分應當能辨別懲罰和不懲罰的差異；然而事實上兩種行為都導向了懲罰。……他所公然提出壓制公眾意見和彈劾道德的議論傷害了自主行為的本質。從表面上看，他雖反對這種控制，實際上他相信在人格中具有特別優秀意識的人，他們意見所產生的壓力，雖然也有彈壓的意味，卻是完全合法的。（一九九五，頁四二，五一至五二）

言語之間，如果我們認眞的話，我們不再懂得什麼是彌爾自主行爲中自由的權利了。事實上他準備用強制的力量來鎮壓人們自主的行爲和他所不贊同的意見。

看來韓伯格迫不及待要指責彌爾非自由的野心和戰略，雖然這恰好與他書中的言論相違背。然而他不尋常的批評卻有極大的瑕疵。首先，彌爾著稱的人我之間行爲的區分並不是受懲罰和不受懲罰的區分。彌爾「公然」提出的自然懲罰，只是一種發生在自主行爲上的可能性。而他的直接傷害和無害於人的差異是不容混淆的。

第二，自主行爲不會直接傷害他人。跟這種行爲緊密相關的自然懲罰，其實只會落實在行爲者自己的身上。沒錯，我對誰不滿意，我可以避開他，也可以勸告別人避開他，這樣做時，我損失了你跟我的友誼，然而這是你的行爲造成的結果，不是我的預謀，我也沒有違背你的意志。爲了對彼此行爲的不滿而失去友誼和相互的利益，我們可能都會後悔；然而即使造成了有形的損傷，我們卻沒有被誰叛逆的感覺。你追求你個人生活的風格，我追求我個人生活的風格，誰也沒有傷害誰，誰也沒有忤逆誰的意志，除非我被你強迫去過你要我過的生活。

第三，在全書中我們找不到任何的證據，顯示彌爾有意使用鎮壓來對付他認爲可鄙的純粹自主行爲。和韓伯格所言正好相反，他對「道德上更爲卓越」的自我標榜甚至有不屑一顧的感覺。他清楚說過，自主行爲是超越道德的，因此也不應該受制於社會的懲罰，不論是透過法律，還是有組織的社會輿論。每一個能幹的成年人（不一定是「卓越的」知識分子），都應該享有絕對的自由來做他自主行爲的選擇，也包含從聯盟的衆人中走出去的自由。

第四，和上一點緊密相關，凡是勸導、忠告、商榷、鼓勵，以及企圖提供資訊等等的行爲，不能視爲壓抑。它們跟自主行爲的全盤自由完全相容。相對來說，壓抑至少牽涉到傷害的威脅，一如在違反他人意志下所給人有形的傷害。

第五，彌爾顯然願意把觀念上和生活上的「階級鬥爭」（class struggle）放在語言和生活的自由中求得化解。從他來看，少數的知識分子對社會大衆應該要有「指示方向的自由」。不過他明確反對「英雄式」的權威，有如卡萊爾（Thomas Carlyle）的倡導，亦即所謂的「天才強人」，例如克朗威爾（Oliver Crownwell，一五九九至一六五八，英國將軍）和腓特烈大帝（Frederick the Great，一七四〇至一七八五，普魯士國王），可以強迫民衆「聽命於他」（III.13，頁二六九）。公開的言論、蘇格拉底的對話錄、自由生活的體驗，以及民衆的教育，都是維護功利主義社會的資源。超人式的鎮壓手段完全不在他的藍圖之內。

韓伯格似乎從來沒有想過，彌爾的自由學說也容許社會走上他所推薦以外的途徑。譬如當人們在生活中過度發展了色情、毒品，或者搖滾音樂的嗜好時，即使嚴肅而正直的知識分子也會爲他們「卓越的」選擇面對自然的懲罰。事實上每當社會「衰敗」而走向「野蠻」時，保守派甚至自由人士都會奮身而起，指責彌爾過分的天眞，和他所建構的自由學說過分寬大。

在這同時，我們必須說明的是，彌爾的自由主義（不同於有些現代的自由主義），對個人福利追求的觀念並不是中立的。它更偏向於支持個人性格上的理想自由。如果全體社會成員都能著重這種自由的發展，社會的幸福會得到更大的擴張。不過如果個人在純粹自主行爲中受到強迫來進行這種發展，那便不是彌爾所樂見的事情了。

個人會被孤立和脫序嗎？

自由的功利主義好像爲社會成員帶來了嚴重的孤立和脫序的危險。個人在自主行爲中不是有他絕對的自由嗎？他不是可以在自己的天地中自由選擇他想要的生活方式嗎？在道德的責任上他也沒有任何的顧慮，除非他因對某人的不滿而決定離開他。這樣看來，彌爾的自由夢想豈不是實際上變成了夢魘嗎？因爲一心只關心自己家庭和事業的人，是不是忽略了廣大社會中公正和博愛的問題?從另一方面說，假如一個人不把自己孤立在他自己的天地中，我們又怎能說他有自主行爲的絕對自由呢?假如他要承擔對人的義務，那麼是不是也可以說他的自由並非絕對呢？

然而這不是彌爾的學說難以征服的困難。兩個相關的考量：第一，在自主行爲中隨心所欲的選擇，並不是指人們在自主行爲和傷害他人行爲之間可以做選擇。他的絕對自由包含了他不必停留在一個固定天地中的自由，沒有人有道德上的義務在行動（acts）和不行動（inactions）之間做自由的選擇，即使這樣做時會違背他人的意願而造成對人的不便。

第二，我們很難想像一個人可以（更不用說應該了）有自由在他所處的環境中做最理想的選擇。沒有人能全權控制對人有害行爲的發生。舉例來說，一個名叫海王星（Neptune）的職業救生員在他海邊小屋悠閒讀書，忽然從窗口上看見一個名叫金星（Venus）的女子快被海水淹沒了。他知道她危難當前，他希望有一個游泳健將會就近跑去營救。不論海王星自己願不願意，爲了金星的安全，他必須立刻在行動和不行動之間做出決定。身爲職業的救生員，如果他不採取行動，他知道違背了金星想要得救的道德權利；他純粹自主悠閒的讀書行爲，這時被一個非他所能控制的意外事件改變成爲不行動的狀況了。對金星來說，這個不行動抵觸了她的意願，也會讓她犧牲生命。如果海王星察覺到金星的需要而仍然繼續讀書，他便是有意讓她蒙受災害，因此構成了傷害他人的行爲。這種靜止的行動有時是可以原諒的，例如海王星可能因爲車禍而有點癱瘓。然而這件事情並不屬於海王星道德權力上的自由選擇。事實上，社會應當有它客觀的裁決，而也應當有一個合理的規範。

在自主行爲的絕對自由和急迫需要救人的責任之間，並沒有必然的衝突。正如前面的例子所見，一度對己的行爲會在行爲者不能控制的情況下變爲對人的行爲。當然此事的發生不是海王星的選擇，然而我們往往會以爲在現實中我們有此自由而不受他人的影響（雖然有時我們把它叫做運氣）。這種觀念是不正確的。但這裡所說的運氣，也帶來了一些有趣的問題。個人在不能控制的情況下，會常常迫使自己脫離自主的範圍嗎？什麼時候他才有義務爲了防止對人的傷害而採取行動？

再舉一個例子。一個還算有錢的人，正當要搬家到他偏遠的豪宅中去居住時，收到窮苦鄰居的一封信，請求他經濟上的援助。即使他沒有伸出援手，一個非他所能控制的因素給了他一個難題：我應該幫助他嗎？假如不幫助，他不能騙自己說這是他自主行爲中的自由，但他也無法改變因此而讓人受到傷害危險的責難。

一般說來，任何人的生活中都會有對人行爲要求的出現，不論這些現象是不是他們自己的選擇。如果某人對一個急迫需要拯救的情況而沒有採取行動，他可以強迫爲自己袒護，比方說，是因爲不願意捲入他人的政治暴力行爲，不論是直接的還是間接的。當人們求他幫助，或者徵求他對某一計畫的意見時，作爲社會的一分子，他應該有合理而習慣上的責任伸出援手。然而作爲孤立的個人，他應該怎樣選擇，如果他願意加入社會的夥伴，他又應該有多少的參與，這卻不是彌爾自由主義所必須考慮的問題。

對己行爲的絕對自由可以和服從對人行爲合理的規章和諧共存。當涉及對人行爲的選擇時，個人應當從這些規章中認識自己道德的義務，並且接受相關的約束。他應當維護與人權利有關的公正性（包含在危急狀況下冒著並不太大的危險去拯救他人），也盡到不涉及權利的社會福利的義務。這些義務在有些人身上有時會產生對己的困擾，例如最常見的救人和助人的需求。然而，至少從當今的教育情況來看，合理的規章，在不受約束的行動功利主義思想中，並沒有要求高難度的自我犧牲。[3]更何況，這種哈利斯（Harris，一九七五）稱之爲「存活彩票」（survival lottery）的措施，一如爲防止傷害而要求器官捐贈者犧牲自己的權利而讓他人存活下來的行爲，在自由功利主義中都可以列爲次要的工作了。[4]

進階閱讀建議

功利主義規章最突出的辯護者是白蘭特（Brant）和哈三儀（Harsanyi）。見 Richard B. Brant, *Morality, Utilitarianism, and Rights*（Cambridge, Cambridge University Press, 1992）; John C. Harsanyi, 'Morality and the Rational Behaviors'（1977）, in A.K. Sen and B. Williams, eds, *Utilitarianism and Beyond*（Cambridge, Cambridge University Press, 1982）, pp. 39-62; Harsanyi, 'Does Reason Tell Us What Moral Code to Follow and, Indeed, to Follow Any Code At All?' *Ethics* 96（1985）: 42-55; Harsanyi 'On Preferences, Promises and the Coordination Problem', *Ethics* 96（1985）: 68-73;以及 Harsanyi, 'Game and Decision Theoretic Models in Ethics', in R.J. Auman and S. Hart, eds, *Handbook of Game Theory*（Amsterdam, North-Holland, 1992）, Vol. 1, pp. 669-707。

想爲道德權利找到社會規則的系統，見下列頗有趣味的討論：L.W. Sumner, *The Moral Foundation of Rights*（Oxford, Clarendon Press, 1987）; 和 Joel Feinberg, *Freedom and Fulfillment*（Princeton, Princeton University Press, 1993）, Chapters 8-10。

有關我提出歸功於彌爾的自由準則功利主義，見 J. Riley, *Mill's Radical Liberalism: An Essay in Retrieval*（London, Routledge, 即將出版），Chapters 5-6；和 Riley, *Maximizing Security: A Utilitarian Theory of Liberal Right*（即將出版）。

認爲自由的功利主義有問題而且深具影響力的著作，有 H. L. A. Hart, 'Natual Rights: Bentham and John Stuart Mill', in his *Essays on Bentham*（Oxford, Oxford University Press, 1982）, pp. 79-104; C.L. Ten, *Mill on Liberty*（Oxford, Oxford University Press, 1980）; C.L. Ten, 'Mill's Defense of Liberty', in J. Gray and G.W. Smith, eds, *J.S. Mill: On Liberty in Focus*（London, Routledge, 1991）, pp. 213-38;以及 John Gray, *Liberalism: Essays in Political Philosophy*（London, Routledge, 1989), Chapter 10。

韓伯格論彌爾對人／對己的區分是一個修辭學上的把戲，見於 Joseph Hamburger, 'Individuality and Moral Reforms: The Rhetoric of Liberty and the Reality of Restraint in Mill's On Liberty, *The Political Science Review* 24（1995）: 7-70。

第八章　自由、個人意識和傳統

彌爾的個人意識預設了一個沒有立場的個人嗎？

常有人說，大體上的自由主義和彌爾特定的自由學說假定了一個難以置信的人格理想，不可能在任何一個文明社會和道德的傳統中出現。例如格雷（J. Gray）便認爲，「彌爾所說的個人意識（individuality）是自我覺醒（self-realization）的一種形式，其中人類特有的思想和對自主權力的選擇是用來〔完成〕人天性中的需求」（Gray，一九八九，頁二二四）。在這種觀念下的自我覺醒是：

> 體驗性的生活（experiments of living）……生命藍圖的具體化……當個人批判性地脫離社會的習俗後，發現自己天性中特有的需要時，給自己規劃而成的理想。（同上）

用新生活的試驗來幫助知識的增長，顯然是彌爾心目中人類進步和發展的主因。「對彌爾而言」，格雷說，「進步是人類天性的趨向，而思想的創新則是以歷史的發展爲其後盾，而最值得注意的是，知識的成長源於心靈自治自律的力量」（同上，頁二二七），而呈現於不受社會約束的個人對生命重新安排的成就上。

格雷正確地宣稱，如此鑒定的個人意識和進步會招來強烈的反對。這種個人意識之難以相信，是因爲個人必須「徹底排除自己的立場」（radically unsituated），在語言和生活的體驗中「擺脫社會的約束」。然而在這種情況下的自我發展卻是辦不到的事情，因爲人畢竟不能完全超越他生活的社會範圍。不僅如此，這種思想也誤導我們去譴責一切缺少個人意識的傳統生活：「一個接受固有的習俗，……一個無心體驗不同生活方式的人，對彌爾而言，便沒有個人意識，不論他的生活是多麼的多采多姿」（同上，頁二二四至二二五）。

同樣情形，在這裡「體驗性的生活觀念只是純理性的虛構」，因爲它假定每個人都獨立於文化現象之外，而有「與眾不同的癖好，或者特異的性格，只有他自己才能認識」（同上，頁二二五至二二六）。傳統則被錯誤地認爲是自我覺醒的障礙，而事實上「個人的性格和人類的繁榮都〔有賴〕文化的傳統」（同上，頁二二六）。言外之意，傳統並不是自由和進步的敵人。相反地，「習俗不僅是社會安寧的條件，也是自由的條件」，因爲它們扮演了一個不可缺少的角色，……使不同的個人和不同的生活方式得以同時並存，而不需要時時去尋求法律的保護。沒有傳統的社會肯定會造成混亂，……有如霍布斯「巨獸（Leviathan）的世界」（Thomas Hobbes，一五八八至一六七九，英國哲學家，Leviathan 一書的作者，介紹獨裁君主制度的政府）（同上）。事實上，

假如有體驗性的生活，那應該是集體性的體驗，而不是個別的；應該是經過社會集體的努

力，建立在一般的傳統和實踐上；它不屬於個人的生命，它是世世代代持續的生命所共同營造的結果。（同上）

然而彌爾心目中的個人意識和進步完全不同於格雷的想像。彌爾的個人意識是指天性上對自由的偏愛；換言之，就是依照自己的判斷和好惡來做意志上的選擇。這是一個描述性的用語，可以有理想的自由，或者「高貴」（noble）的意識，也可以有不自由，或者「可悲」（miserable）的意識，要看行爲者所做的選擇而定。我們知道彌爾推崇高貴的培里克利斯式的個性發展，要達到此一目標，他強調個人要有全盤自主行爲的權利。不過在自主領域之外，個人的自由不一定能被容許，也不可能被視爲道德的權利。事實上，社會可以權宜地使用法律來預防傷害，即使個人可能因此喪失自我發展的機會（III.9，頁二六六）。有高貴自我意識的人，一定能了解這種道理，也會自動遵守對人行爲的規章，因爲這都是社會大眾（或者社會的代表）所共同設定的。

彌爾自我意識的觀念（不論高貴還是其他），並沒有叫人排除自己的立場。由於任何人的判斷和好惡都有公共生活的背景，他的自由（如果依照自己的意願做選擇），一如他個人的意識，在文化信仰和實際的生活中，都有密不可分的關係。他所說的立場，包括性格和欲望，並沒有受到社會習俗機械式的牽制。否則習俗將會不可避免地把社會和個人變成可怕的相似，而人人邯鄲學步，再也沒有自己的風格了。

明白了正反兩面的思想，我們應該能夠推想一個身負社會習俗和信仰的人，其實也可以選擇與衆不同的生活方式，而與大衆分道揚鑣。我們並不需要天大的本領就知道隨俗的人也有此自由，只要他能知道或者想像旁人的生活和信仰。他沒有必要唾棄社會，認爲自己的見識都比別人高尚。一個有理性的人怎能把社會合理的規章一筆抹煞？又怎能把自己語言的習慣徹底拋棄？

假如記憶和想像還沒有從人類的天性中排除，體驗性的生活是一目了然的事實，完全不需要對個人的怪癖或者奇特的天性做形而上學的討論。像這樣的體驗其實會發生在任何社會中，也就是大多數人所相信的特別或者怪癖的生活方式。從定義上說，這種生活通常都是從獨立的個人，或者由少數人組成的團體中開始的。

論個人的怪癖

值得強調的是，怪癖（quiddities）這個跟社會狀況完全不相干的本體（noumena），在心理學上稱爲直覺的本質（intuitive entities），正是彌爾想在他的現象知識論（phenomenalist epistemology）中剷除的對象（見 Riley，一九八八，pp, 133-63）。就我到目前爲止的觀察，他從來不曾說過（雖然人們常咬定是他的言論），人人都有一個特異的本體（unique essence）等待自己去發現。事實上在他的《政治經濟學原理》中，他的觀念正好與此相反：「在想從心靈上逃開社會和道德影響的通俗模式中，最通俗的莫過於把行爲和性格的差異歸之於先天的差異」

（一八七一，頁三一九）。確實，天生不同和不同群體間的複雜而難以數計的怪癖，好像更容易在價值多元的道德環境中出現，一如格雷和柏林的假定，而不會出現在自由功利主義的身上。

跟怪癖相對，彌爾聯想到，由於人們天性中便有足夠的相似性，他們很容易顯示在判斷和意見上的一致。然而即使如此，假如他們所處的環境（包括天賦的才能）並不相同，個人的欲求、意向和性格就會有不同的表現。一般說來，他相信「不同的階層和個人的環境……塑造了人們不同的性格」（III.18，頁二七四）。性格的不同顯然是由於環境，而不是來自特異的本質。因此他否定了個人、階級，或者國家身上那種「卓越的優異性」的浪漫思想。當任何一種差異存在時，那是個人性格的「結果」（effect），而不是它的「原因」（cause）（同上）。[1]

他所說的人人都有不同的天賦才能（包含意志的力量），不能與人人都有等待發現的特異本質混爲一談。所有適用自由理論的成人都具有某種程度上的智慧和道德功能，而唯一的差別在程度。人們的差異性也並不僅限於這一範圍之內（見，例如 Mill，一八三三）。人人都會犯錯，也都會在意志的弱點中受到牽制。

個人不平等的選擇能力並不代表人們在本質上有明顯的差異，或者他們一定有多元性和難以數計的基本價值觀。儘管他們在判斷、推理和意願上表現出不同的力量，他們仍然共同享有相似的天性，不能改變的是，每人在行動中都有尋求快樂的動機。

格雷曾經多次談到彌爾有意結合兩種假定中顯然不同的經驗，亦即：怎樣的獨立思考和行動能給人最大的快樂，和怎樣運用自主行爲的力量會讓他發現自己特有而獨異的天性：

「彌爾因此可以把人的創造經驗，和人有待發現的天性相互結合，完成他個人意識的原理」（一九九一，頁二〇七）。這裡的第一種假定屬於經驗論的思想，我們得分外小心。他並不曾說過人人都以快樂作爲他們的選擇，他相信絕大多數的人只是盲目地模仿他人。他也不同意當人們培養了某種自由的性格後，便把獨立自主的選擇視爲最重要的因素，所謂的自主和個人意識只不過有助於自由行爲的選擇而已（換句話說，就是做一個讓自己高興的選擇），在這同時，他也考慮到對人行爲中必要而合理的約束（也就是說，他的選擇也能讓高度發展的個人感到滿意）。

至於格雷認爲彌爾的第二個假定，我已說過，彌爾從來便不曾有此言論。再說，我們也很難想像，爲何從經驗的觀察中便能推斷一個人的癖性。怎麼樣的經驗證據才能證實像這樣的假定呢？如果兩人的選擇能力相等，居住的環境又一樣，我們也許可以用測驗的方式來做判斷。然而這樣嚴格的條件幾乎是辦不到的，即使同一家庭中長大的雙胞胎也符合不了這樣的條件。甚至康德（**Immanuel Kant**，一七二四至一八〇四，德國哲學家）也承認，實體的知識（**knowledge of noumena**）（指與現象相對的知識）完全不能確定我們每人身上是否帶有與衆不同的成分。這個問題在實際的意義中是完全風馬牛不相及的。

理想觀察家的不可靠

不論人們是否有特殊的癖好，天生不夠完美的大衆在理論上都需要有私人思想研討和生活體驗的自由，才能在智力和情感上做可能的改進。但在他們採取行動之前，我們不妨聽聽第三者對幸福的意見，以及這些意見對事實可能產生的衝突。

對彌爾來說，智力和道德的發展並不是人類心靈中（不管是個別的還是集體的）企圖。他也不依賴毫無立場的理想觀察家所提供的意見、生活方式的建議，或者對人行爲應有的標準。他認爲：

> 作為智力和道德的存在，人類心靈中最可敬的泉源〔是〕他認為自己的錯誤有糾正的可能。他可以用討論和體驗來糾正錯誤。討論和體驗能讓他逐漸發現事實的真相和理解：然而這些問題如果不交付給自己的心靈來處理，恐怕不會有太大實際的效果，而白白浪費了自己的努力。事實不會說話，不能道出它的真相。
>
> （II.7，頁二三一）

全盤的言論自由對有自己立場但不完美的個人來說，取代了「有足夠本領而客觀的」虛假觀察家，那些自以爲可以從衝突的意見中找到眞理的人。同樣情形，全盤自主行爲的自由，也取代了理想機構自以爲可以從衝突的現實中，求得社會最佳規律和習俗的神話。

在有缺陷而不完善的改革過程中，推動改革的動力是個人判斷和需要來做選擇的意志。當然，個人的意志也受制於社會的風俗、信仰和現行的法規。然而人們容易犯錯的天性也暗示了我們，沒有一個社會在指導思維和判斷時會是完美無缺的。因此個人無可避免地會在種種現象

（包括精神）中找到空隙，發揮他們新奇和不隨波逐流的理想。不管社會如何想給眞理安上一個固定不變的形象，「眞理」的觀念是開放的。沒有現行的規律和習俗可以完全取代個人尋求更好未來的努力。正如彌爾所強調，「沒有任何現行的常軌，或者人人奉行的規章，可以預測我們心靈對變化多端的環境可能的反應」（一八三二，頁三三八）。但從變化多端的環境中發現改善的途徑，個人意識則是絕不可少的條件。爲了這個理由，每一個求進步的文明社會必須要用全力來保障個人言論和自主行爲的自由。

自由和社會進步是成反比例的嗎？

格雷在這裡更進一步說，彌爾所主張人們容易犯錯的理論終究是對人不利的：

> 假如人類的天性是求上進的，而道德的知識是累積的，那麼，人類的知識愈多，自由的天地就會愈小。……加強對美好生活環境和內容的覺醒，會降低我們對生活的容忍性，而這也正是覺醒的觀念所不贊同的生活方式。這是任何一種自由主義都逃不開的諷刺，因為自由的價值事實上完全植根在人類容易犯錯的天性中。
>
> （Gray，一九八六，頁二四五）

這個理論正確嗎？

我們姑且接受格雷的假定，全體的社會成員都取得了人類能量所容許的最大幅度的進步。我們能不能說自由便不再有用了？看來好像是對的。因爲任何一個有高尚性格的人都可以變成一個絕不犯錯的獨裁者，而他的判斷和命令都可以筆之於書，傳之世人（包括後代），成爲人類社會中獨一無二的信仰和希望的典範。脫離常軌的自由會帶來社會的倒退，因此盲目的服從看來便是功利主義的法律和習俗的呼喚了。[2]

然而外觀是會騙人的。即使最進步的個性、最高度發展的道德和美學意識，都需要持續的維護，稍有懈怠，便有萎縮的可能（III.4, 6，頁二六三，二六五）。缺少精神的磨練，即使是最成功的人也會失去他們後天得來的智慧和高尚的品德。盲目的服從不能給人激勵，因此沒有價值。簡而言之，

> 在今天，即使是一個絕頂的天才，當他們已經找到了他們想找到的一切東西，仍然需要很大的空間和必要性讓他繼續發揮。我們很難辨別誰是智者，而誰是被人託管的庸才。
>
> （一八三二，頁三三四）

無庸置疑地，在一個理想的自由功利主義社會中，個人意識和它的兩個要件——自由和社會多元論——在防止社會的萎縮上仍有極大的功用。

自由的永恆價值

自由的重要性不會消失，因爲人類終極不會找到別的眞理標準，包括對自己天性的了解（II.6-8, 26, 31-3, III.1, 3-4，頁二三二至二三三，二四七，二五〇至二五二，二六〇至二六三）。換句話說，人類永遠不能肯定他們是否已經進入最理想的世界。不犯錯（infallibility）並不是人類最高的理想。任何人揚言不會犯錯，只是想藉此否定他人的自由（II.11，頁二三四）。如果沒有言論和生活體驗的自由，沒有人敢保證他的信仰是社會所能提供的最佳理想。因此即使在最好的社會中，人人必須保留道德的權利來做自主行爲的選擇。

誠然，一些「有模有樣的機器人」（automatons in human forms）便能乖乖地遵守社會既定的信仰和規章，然而人類不是「好玩的機器」，機器人永遠不能取得人類所能取得的智慧。人類也不能僅靠精神鍛鍊得來的優美天性保存他們辛苦得來的知識。即使一個有培里克利斯完美性格的人，也必須使用和保存他智慧判斷的能力，以及他自由選擇生活方式的力量。沒有這種精神上的努力，人終將逐漸失去他的本能，不再能享受「高尚的」智慧和道德的活動，而這些活動正是造成高尚性格不可缺少的因素：「重要的不只是人在做什麼，人用什麼態度來做，同樣重要」（III.4，頁二六二）。

社會多元論的永恆價值

作爲個人意識的第二個要件，社會的多元性在自由功利主義社會中也不能一日或缺。評論家有時會說，假如理想的功利社會實現了，理想社會的成員將無可避免地走上千篇一律的生活方式。然而這是不可能的事，彌爾最多只相信，每一個成員都得接受和保障基本人權的公平和公正的規章，包括涉及純粹自主行爲自由的平等權；每個成員必須在情況允許時幫助別人，從事公衆福利和慈善的活動；以及在公正和親善的限度內，接受公平競爭的程序；在沒有強制和欺詐的情況下，接受經濟上貨品和服務廣泛的流通。即使人人都有高尙的性格，許多人的選擇，不論對己還是對人，仍然會因人而異。不同的個人環境還會繼續產生不同的個人判斷和好惡。社會的多元性不會消失，除非兩種意外的假定忽然來臨，亦即，高度發展的個人集體要求均值的社會（homogeneous society）；以及一旦理想社會實現之後，這些人都變成了全能（omnipotent），擁有摧毀人與人之間自然和人爲的差異。我們不用擔心這第二個猜測。但彌爾清楚地駁斥了第一個假定。最佳社會生活的方式不可能千篇一律，而社會也會把全盤的自由交給每一個個人和自願組成的團體，讓大家體驗多元和自主的生活風格。

爲何個人不得在公共場所展現不良和不端莊的行爲？

如果人人都有自主行爲全盤的自由，試問，爲什麼我們不能在公共場所做不端莊或者令人不愉快的舉動？假定某人生活在某一特定的社會中，他有沒有權利拒絕這個社會傳統的禮儀？任何規章中好像都沒有明言否定。假如他有權，我們是不是也得擔心這個社會的傳統在彌爾自由主義的觀念下會遭到破壞？事實上，如果它因而引進了社會的衰退，這種自由學說是不是也造成了對社會的傷害？

舉例來說，如果有三個成年人同意在公衆的地方從事色情活動，而惹起人們的非議；或者有人在沒有得到朋友的同意之前，便公布了他們親密行爲的細節；爲什麼旁觀者會憤怒？而朋友會生氣？這中間其實除了情緒上的不滿，並沒有任何其他的東西。那麼什麼是「有形的傷害」呢？既然沒有明確的受害者，那麼個人的自由是不是可以得到保留，儘管在發生時會令人震驚和憤怒？

類似的問題還很多，例如在退伍軍人團體前焚燒國旗；當著一群鄰居的面前叫他的妻子去跟騾子交配；或者在黑人衆多都市的大街上穿上三K黨的衣服遊行；或者親手交給他垂死的母親一封信，說他樂意見到她死去，而且會把她的骨灰放在刻有希特勒頭像的罐子中。所有這些行爲都會引起人們強烈的不滿。然而爲什麼這一類看似脫序的行爲在彌爾的觀念中不能屬於自主的行爲？

許多自許爲自由主義信徒的人，在這一點上都捨棄了彌爾。看來最具影響力的策略，是承認這些案例並不能恰當地概括傷害預防的原則（不論這些人怎樣界定「傷害」），而應該有一個附加的原則，亦即社會可以用合法的權威，防範個人在公衆地方所做令人不快或者憤怒的事情。例如哈特（H. L. A. Hart）便相信，一個公認的界線必須清楚畫分什麼是「公衆場所最易造成令人不滿的震驚和憤怒的行爲」，什麼是令人痛苦的「別人的行爲而你不以爲然」，或者「別人的行爲而你希望他們不要做」（Hart，一九六三，頁四六至四七）。公衆場所中行爲的後果，因此跟私人場所中的後果截然分開了。實際上，某甲對某乙的行爲在公衆場所中的不滿，跟他對某乙在自己家中所做時的不滿並不相同。前面一種不滿或許可以用法律來制裁，但後面一種則不可。

不過哈特並沒有解釋爲什麼行爲的來源和地點會造成如此不同的反應。他草草的結論是，功利主義相信人在公衆場所中有不接受痛苦的權利，即使這同一權利會在私人環境中被否定，因爲私人環境重視的是個人自由的價值（value of individual liberty），而不是社會的認同（social recognition）。這樣一來，針對個人在公衆場所的行爲，社會似乎得到了無限制的法治權力。値得注意的是，對這種法律和社會輿論權限呈現一種令人驚恐的擴張，哈特好像全然無動於衷。他只說，一件在公衆場所中不允許做的事情，「只要他能做到，他便有完全的自由在自己家裡做」（同上，頁四八）。爲什麼「只要他能做到」的一件在家中可做的事，卻會因爲有人不滿，便得在公衆場所中遭到禁止？這話有點費解。

哈特許多觀點的討論都見於當今文獻中，値得研讀（例如，Feinberg, 1984-8, Vol.1-2）。但對我們更重要的是，《自由論》的議論有修改的必要嗎？彌爾曾經說過，「我們不必多談」公衆場所中行爲的失態，「因爲那只是邊緣的問題」（V.7，頁二九六）。他似乎是說，這些案例並不在自由原則的範圍之內，因爲傷害只能發生在公衆場所中因他人惡劣或者可驚的行爲而造成。公衆場所中的表現，的確可以把原本純粹自主的舉動，轉變爲逆人意志而使人不快的行爲。彌爾需要澄清的是，公衆場所中惡劣的態度和不端莊的行爲是怎樣「直接而蓄意地」牽涉到對人的傷害。

有關此一問題，彌爾把對人的傷害清楚地視爲個人不能遵守社會公平而善意（包含良好舉止）的盼望，因而破壞了社會用來調節成員對公眾福利和公眾場所中行爲的互動。從不遵守合理的社會習俗而造成的失望，便是違背人們意志的有形傷害，即使這些盼望在法律上並沒有明文的規定。然而依照自由原則，這些不成文的規矩不能構成人們的義務而不做令人不滿或痛苦的事情。更清楚地說，義務必須有專門設定的規章，明言不得違背他人的意志而帶給人傷害。

依循此一觀念，彌爾責怪現行的習俗事實上禁止了人們對他人行爲不滿的表達。人人都應該有絕對的自由說出人們的愚蠢和可惡，或者警告他們約束自己偏差的行爲，否則彼此的朋友關係便會中斷：

> 事實上，如果人們可以誠懇地指出他們對旁人行為的不滿，而不被人認為是無禮或者好管閒事，這種正常的行為應該得到鼓勵，而不只是用當前社會的禮俗來做規範。
>
> （IV.5，頁二七八）

不管怎麼說，重點是，爲了防止對人行爲中可能的傷害，我們一定會找到合理而禮貌的行爲規則。但我們必須能清楚辨認什麼是傷害，《自由論》的主張才能得到貫徹。

疾病的預防

若干合理而禮貌的行爲規則也許可以從社會對疾病的預防中見到端倪。公開展示（public display）的大小便、嘔吐，甚至噴嚏，不爲社會所允許是爲了要減少對人健康的影響，一如多種廢棄物特別的處理。「公開展示」在這裡看來是社會權威所認為「足以造成傷害健康的行為」（包括汙水處理和衛生的設施）。

需要注意的是，這裡允許和不允許的界線，好像並不符合傳統觀念中私家和公家的區分。比方說，我們可以允許在偏遠的樹林或公廁中方便，卻不能在馬路上方便；可以在馬桶中排泄，卻不能排泄在地板上。同意情形，我們可用健康為由，禁止吃人的野蠻行為，或者其他不當的處理屍體的方法，不論所謂的「私家」在傳統觀念中代表什麼意義。

時間、地點，和約束的方式

費恩保和田清流二氏都同意，防範他人不良行為合理的條件還得包含時間、地點和約束的方式。比方說，雙方都同意的性行為，如果在人來人往的公園裡或者辦公大樓中進行會遭到禁止，因為他們應該找一個清靜的地方，例如家裡、旅館或者空曠的野外，避免對人的不便。社會大眾有過問公共場所先後使用安排的權利，因為有限的場地和眾多的使用者，一定會發生相互的衝突，因此必須有公平而有效的控制。誰都承認，性交不是公眾場所最優先的活動，人們假如搶先占據了一方土地，顯然會違背他人的意志而造成不便。圍觀的群眾或者有心仿效的人勢必也會阻礙交通，迫使其他的使用者浪費更多的時間和金錢。

並不是公共場地使用的選擇（包含公開的性行為）不會對人有類似的不便。任何被允許的活動都會在場地使用的競爭中遭到排斥，因此也會造成想自由使用場地者一種傷害。不過一般的說來，很少會給大衆帶來太多的麻煩，但公開展現的性行爲則沒有這樣的方便了。

至於其他會造成轟動的活動，例如校閱、遊行、示威等等公開的事件，更需要有嚴格而恰當的時間、地點和方式的控制。再者，自由原則並不是說可以採用放任政策對待那些利用示威遊行來侮辱他人，或者「散布仇恨」，藉機營利的人。類似的情況也包括製造和販賣「色情文學」，刻意低貶婦女和其他團體的行爲。一如彌爾一再地提到，這種形式的公開展示，不論是對製造商人，還是對販賣商人，社會所採用的權宜管制完全配合購買者在消費上的自由，而以時間、地點和約束的方式做考量，防範成年人不當的舉止，保護兒童和無力照顧自己的人受到惡劣的影響。

「特殊的結束」，有如他所建議對慣性酗酒者特別的禁令（V.6，頁二九五），也可以合法地建立在對宗教、族群、性別和種族慣施暴力者的身上（例如納粹和三K黨）。納粹和三K黨有濫殺和折磨少數族群的歷史，任何人穿著他們的服裝，揮舞他們的旗幟，都像是他們的同路人，至少是對他們表示同情（不論是蓄意還是無心）。所以，如果在一個猶太人居住的地區中禁止納粹式的遊行是完全合理的，以免遊行隊伍和居民之間可能會有肢體的傷害和財產的損失等等。[3]

當然，特種公開展示的禁令，或者散布仇恨和以色情爲牟利行爲的阻止，都可以用同樣的理由取得它們的正當性。

名譽的保護

另外一些要求禮貌行爲的規則也可以視爲避免名譽受損的預先防範。當個人的性情或者親密的私事被錯誤地向第三者報導時，便造成了此人名譽上的損傷。違背個人的意志，傳播惡意的流言，肯定會傷害此人在社區中的聲譽。無聊的傳聞也會引發廣泛而不合情理的仇恨和相關的後患。因此禁止對人行爲中惡意言論這一類的事情，都是保護個人名譽合法的措施。

彌爾提供了一個自己的事例，一封他私人的信件在未經他的許可下被公開了。一八五九年的七月，在他給蓋斯克夫人（Elizabeth Cleghorn Gaskell，一八一〇至一八六五，英國小說家）的信中說，一個謹慎小心的編輯不應該發表此信：

> 問題僅僅是，作為一個謹慎小心的編輯，你忽略了一個尋常但極為重要的責任，亦即依照習俗（以合乎理性為基礎），一切可能冒犯個人感情的細節都有必要刪除。……白朗黛小姐（Charlotte Bronte，一八一六至一八五五，英國小說家）如果對她〔指彌爾的妻子哈麗葉〕有什麼愚蠢的意見，當然可以寫在她私人的信件中。——但值得責怪的是，作為一個編輯卻不可以發表這封有欠公允的信。
>
> （1859b，頁六二九至六三〇）

蓋斯克夫人對這封信的答覆是，「刪除可能冒犯個人情緒或者傷害個人道德名譽的文字」，要看此人道德的聲望而定（Haldane，一九三〇，頁二六九至二七一）。法律的犯罪，一定要有破壞他人道德名譽的事實，而道德的名譽和對人行爲的禮貌在社會習俗中是不可分開的。

名譽的損壞也會在其他的方式中出現，而且可能更加微妙。當一個丈夫魯莽地在鄰居面前叫他的妻子去跟騾子交配時，他在強迫她接受人格上的侮辱，且破壞了她在社區中的名譽。在現有的社會習俗中，妻子通常有充分的理由要求丈夫給她禮遇和尊敬。丈夫惡劣的表現無疑會引起鄰居對她的懷疑（當然也包括對他自己的懷疑）。除非他在同樣的場合中做公開的道歉，她很難繼續跟他和平相處。如果這樣的事情一再發生，爲了保障名譽和自尊，她會被迫要求分居。鄰居爲了維護社區的安寧，也有可能會把他們夫婦兩人同時趕出社區。

預防名譽損傷的規則也會擴展到私人的身上。當兒子揚言要把他母親的骨灰放在一個刻有希特勒頭像的罐子裡時，比方說，不論他是登在報上，還是私下對他母親耳語，已經不再重要了。重要的是，他已違反了他母親的意志，給了她有形的傷害。即使沒有人在場作證，他耳語的威脅，已經構成了禮貌行爲上的違紀，可以受到指責。也許這樣的規則無法交給法律或者輿論來制裁，因爲私底下的威脅，畢竟不是公開的威脅。這樣一種不聲不響的行動，給它約束的部分，只好交給個人的良心（conscience）來處理了。但這仍然不能改變彌爾對自由的觀念。兒子行爲不道德的理由是，他的母親（或者處於類似狀況的人）有權利要求名譽的保護。然而自由功利主義可以合法地阻止這個兒子喪禮的進行，除非他能證明這是他母親生前的遺願。事先的預防可以幫助促進許多事情合法的安全性。

社會衰退的危險

這些例子也可以提醒我們，一如彌爾所承認，公開的討論和思想的傳遞並不是眞正對己的行爲，雖然這應該「幾乎」就是對己，因爲它所冒傷害危險的利益，「幾乎」都勝過其他自我發展行爲的利益（I.12，頁二二二至二二八）。即使在兩人公平而自願的辯論中，也會有違背彼此意志而直接誤導眞相和結論的可能。

在這同時，無疑也是事實，一個對公衆事件從來沒有爭議的社會（例如對時間、地點和形式的討論），也會冒著衰退的危險（一如對個人所發生的直接傷害）。姑且再看看那位魯莽丈夫在鄰居面前對待他妻子的例子，假如妻子並不討厭這種「公開展示」的形式，也用同樣的方法對待她的丈夫，他們醜陋的「對話」是彼此同意的，旗鼓相當誰也傷害不了誰。假如當時沒有兒童在場，任何對人直接傷害的危險（例如名譽、問題的討論、婚姻的意義等等）看來都微不足道，因此在自由功利主義的觀念中，也就不必多加追究了。但像這樣粗俗而無品德的夫婦是應該接受「自然懲罰」的，正如他們的鄰居就紛紛把他們兩人拋棄了。然而假如社會中有太多這樣粗俗而無品德的人，現存的社會習俗和規則肯定敗壞，一般的禮儀和美德也將化爲烏有。這樣的社會將會倒退到原始野蠻的狀況，換句話說，個人從此不再遵循禮儀，可以恣意地恐嚇他人了。

問題在這裡再度浮現了：彌爾是不是太過樂觀，認爲公開思想表現的內容（假如不是形式）並不需要太多的控制？[4]也許有人相信，他應該重新考慮他的判斷，今天我們的社會有公共的媒體，例如電視和無遠弗屆的網路，這些他從來便沒有見過的東西。不過我懷疑他在態度上會有絲毫的改變。他會再度肯定，甚至在一個重視自由的社會中，社會衰退的危險仍然不可避免。他認爲即使控制人們行爲的自由或者相關言論上的自由，社會的衰退也無法得到預防。

沒有修改的必要

在彌爾的自由學說中，優良的舉止和類似對人行爲的規則可以合理地預防逆人意志的傷害。社會大衆有絕對的權利使用這些規則來防止疾病的傳播，時間或金錢的浪費，名譽的損失等等，這些社會中極易產生的令人痛苦的現象。社會有時也可以把合法的約束交付給個人的良心，或者依賴社會的輿論而不必有法律的介入。然而不論怎麼說，這些都是法律制裁的範圍，不是彌爾的自由原則所能左右。

在這同時，大衆的言論和思想傳遞的內容和方式也極少需要法律和社會的干擾（相對於時間和地點而言）。即使暴力和色情的商品也不必有太多的打壓，因爲有暴力行爲紀錄的人，和經常購買色情書刊卻沒有傷害他人的人，早已得到了適當的警告。光顧色情書攤和色情戲院的自由，完全可以跟時間、地點和形式的控制相互並存。至於這一行業的製造商人和販賣者，也應當有他們提供服務和謀取利潤的自由。

一言以蔽之，我們沒有必要修改彌爾的自由主義，有如哈特等人所提出的方向（更不要說保守派了）。事實上，從彌爾的觀點來看，哈特的處置犯了以假定爲證據的基本錯誤。他並沒有確切地辨明有形傷害的形式，和受害者如何在公共場合中因不當的行爲而受到傷害。在這種觀念下的傷害必須涉及社會合法的制裁。換句話說，這個條件就是社會給人行爲約束的限度，不論行爲發生在公開場所還是私家的場所。

進階閱讀建議

批判自由主義不能接受個人和社區生活正常關係的文字，見 Michael Sandel, ed., *Liberalism and Its Critics*, 2nd edn（Cambridge, Cambridge University Press, 1995）。

有關格雷攻擊彌爾的個人意識，見 John Gray, *Liberation: Essays in Political Philosophy*（London, Routledge, 1989）, Chapter 10；以及 Gray, 'Mill's Conception of Happiness and the Theory of Individuality', in J. Gray and G.W. Smith, eds, *J.S. Mill: On Liberty in Focus*（London, Routledge, 1991）, pp. 190-211。書中亦能見到格雷對人類容易犯錯的觀念中辯護自由是對己不利的主張。

理性的自我決定（self-determination）或者自律性（autonomy）與肯定的道德規範和義務相容的理論，見 Gerald Dworkins, *The Theory and Practice of Autonomy*（Cambridge, Cambridge University Press, 1988）。

哈特認爲彌爾的自由主義需要另外一個原則來承認社會合法的權威才能禁止公衆不當的行爲。見他和德芙林公爵（Lord Devlin）一九五七年有關 Wolfenden Report 著名的辯論。該辯論涉及在私人場所中同性戀的行爲有禁止的必要。廣泛而言，哈特不主張用法律來壓制私家的道德行爲，而德芙林不同意，認爲社會必須適當地杜絕引起大家強烈不滿的行爲。Wolfenden Report 在它一九六七年補充的條例中解除了同性戀的禁令。在這同時，美國雞姦法令雖然奄奄一息，但仍然還被保留。美國最高法院於一九八六年在 Bowers vs. Hardwick 案件中拒絕了廢棄這條法令，其理由是交給各州自行處理。爲了深入了解哈特和德芙林的辯論，可見 H. L. A. Hart, *Law, Liberty, and Morality*（Oxford, Oxford University Press, 1963）；Patrick Devlin, *The Enforcement of Morals*

（Oxford, Oxford University Press, 1965); C.L. Ten, *Mill on Liberty*（Oxford, Clarendon Press, 1980), pp.86-108; Joel Feinberg, *The Moral Limits to the Criminal Law*, 4vols（Oxford, Oxford University Press, 1984-8), vol. 4，特別是 Chapter 30；以及 Michael Martin, *The Legal Philosophy of H.L.A. Hart*（Philadelphia, Temple University Press, 1987）, pp. 239-71。

費恩保對哈特建議進一步的研究，有關引起公憤的一節，見 Feinberg, *The Moral Limits to the Criminal Law*, Vol. 2。雖然對彌爾表示興趣，費恩保的處理卻大大違背了彌爾「教科書」的本旨，我在下面第九章中將有更多的探討。事實上，彌爾原本的學說在費恩保的改造中已面目全非。例如最近便有人相信，顯然受到費恩保的影響，彌爾的自由主義者會找到種種的理由來支持色情商品全面的禁售。沒有一個認眞讀過《自由論》的人會同意這個突出的論調，除非色情牽涉到兒童、殘障人士、被迫參與的成年人、或者動物。有關資料見 David Dyzenhaus, 'John Stuart Mill and the Harm of Pornography' , *Ethics* 102（1992）: 534-51; Robert Skipper, 'Mill and Pornography', *Ethics* 103（1993）: 726-30; Richard Vernon, 'John Stuart Mill and Pornography: Beyond the Harm Principle', *Etics* 106（1996）: 621-32；以及 Danny Scoccia, 'Can Liberals Support a Ban on Violent Pornography?' , *Ethics* 106（1996）: 776-99。這些辯論在下列的數字還有更多的討論：J. Riley, *Mill's Radical Liberalism: An Essay in Retrieval*（London, Routledge, forthcoming）, Chapter 9。

第九章 《自由論》學說的實踐

誰相信彌爾的自由學說可以付諸實行？

最早提出抱怨的，是宗教和道德理想家，如格林（T.H. Green，一八三六至一八八二，英國政治改革家）和博桑克（B. Bosanquet，一八四八至一八八二，英國政治哲學家），而附和之聲從此不斷。他們都認爲彌爾對他的理論沒有提出任何實現的方案。他們找到不少理由來支持這一攻擊。有些人說，他的原則誤導了實踐，因爲他所依賴的人我之間武斷的區分連他自己也搞不清楚，而在「樣品試用」（specimens of application）時也被他自己放棄了。或者有人說，他的學說都是空話，人的一切行爲都有可能解釋成對人的傷害，所謂純粹的自主行爲根本便不存在。也有人說，他的學說不切實際，當它和複雜的功利主義結合在一起時，誰也動不了它。再不然，它太過單純化，除了有關傷害的話題，他還得有補充的條例（例如公開違紀的原則），並以本能的道德直覺來說明法律制裁的正當性。這種種理由給人的印象是，無論把《自由論》怎樣改寫，都只會把它變得更糟。

然而，即使連普拉門那茲（Plamenatz，一個相當勉強的自由功利主義者）也都懷疑這些滔滔不絕的反對聲浪能有多少說服的力量。他似乎是說，我們也許不能隨時隨地找到所謂的自主行爲，因爲在某一個狀況中對人無害的行爲，在另一個狀況中卻可能造成傷害。例如在自家與貓對飲而變成酩酊大醉，那是純粹的自主行爲。但在執行任務中的警察如果喝醉酒，肯定會因怠忽職務而造成危險。「但這也不能作爲推翻彌爾學說的憑據」，他在挑戰田清流的議論時指出，「也不能就此論定他的實踐發生了什麼困難」（一九六五，頁一三〇）。

一個偶發事件進入自主行爲的領域後，事實上會使該領域呈現含糊不清的現象。然而「如果一個道德家可以在界線不清的事件中保持模糊，彌爾未嘗不可以如此做」（同上）。再則，他認爲「彌爾的標準剝奪了個人自由的權利，……也說不出充分的理由」（同上）。許多行爲對人的傷害「根本不存在，或者至爲輕微，不值得一提」，他還說：

> 像這樣的事太多了，而且人們向來喜歡過問跟他們毫不相干的事情。那麼我們可以說，彌爾的標準雖然與他的功利主義有很大的出入，但我們仍然不能說它不可以實行，或者不值得一試。
>
> （同上）

在這一點上，普拉門那茲看來沒錯，儘管他對自由功利主義的批評缺少根據，而對自主行爲界限的模糊性也太過誇張。

至於行爲界限的模糊，事實上行爲的性質需要等到事情發生後才能根據它的後果而作界定，不能說是定義上的模糊。的確，我們勢必得放棄傳統中慣用的語言（例如「他喝醉了」），那些在一般事件中我們事前便知道它可能的涵義。然而除了追求柏拉圖式永恆理想的人，誰又能對這種事情抱怨呢？那些相信人類行爲可以得到精確界定的人，必須根據經驗和討論來理解每一行爲的後果，並且把這些後果（精準地）歸類爲某種行爲（例如在自家與貓對飲，或者警察在執行任務時喝醉酒等等）。

彌爾把他的意見視爲「尋常經驗」（ordinary experience）的延續發展，從無害於人的自主行爲到造成違背他人意志的直接傷害；他也相信個人從心所欲選擇的權利也適用於自由功利主義的範圍，完全能承認個人意識或者自我發展的廣泛價值。不過，這個簡單的提議，換句話說，則是個人有道德的權利選擇全盤自由的自主行爲，卻不是自由主義唯一的因素。它可以被視爲法律制裁正當化的必要但並不充分的條件。

既然社會有合法的權威用來約束對人行爲中的傷害，問題是這種權威能恰當處理實際的情況嗎？如果可能，什麼是制裁的方法（例如，用法律還是社會輿論）？他說要答覆這些問題，還有待功利主義進一步的規劃，而他好像很滿意使用社會當前已有的輿論。不過顯然地，爲了權宜的方便，社會也可以捨棄法律而採取放任政策。這樣一來，功利主義必要而充分的制裁條件必須要有實際傷害的出現，而社會出面干涉的利益也必須大於干涉的代價（包含傷害的本身和規章的計畫以及施行）。簡而言之，社會必須建立和執行這些規章來控制對人的傷害，並且確定怎樣的傷害是有形的和逆人意志的傷害。

沒有人在這裡能說彌爾犯了什麼錯誤。我也曾經強調，當解讀他的文字時，特別是有關自由原則，他並沒有放棄對人和對己的區分（見前第六章）。然而我們應該怎樣看待有如哈特（Hart，一九六三）、田清流（Ten，一九八○），和費恩保（Feinberg，一九八四至一九八八）這些卓具聲譽的思想家的批評呢？他們不甚恰當地把彌爾的自由學說改名為傷害原則（**the harm principle**）（亦即，自由在有可能危害他人的情況下，必須提出制裁的原則），而認為它太過簡單了，縱然它有時也能通行無阻，但必須有一些附加的條件才能完善。[1]

不是太簡單而是太激進

既然彌爾把他的傷害觀念（不是修正派的傷害觀念）交代清楚了，現在批評彌爾學說太過天真或者粗糙的人，該說明為什麼他們負面的結論不可避免了。他們部分反對的理由來自修正派對彌爾學說可怕的誤解。一般說來，修正派顯然有一個錯誤的印象，認為彌爾的目的是要給人一個全盤的自由，不受任何法律和社會輿論的干擾。對彌爾來說，這個問題的關鍵應當是在任何的壓抑都派不上用場的時候。不過我們也知道，他從來便認為在對人行為中的壓抑常常都不恰當，而這是唯一一個可以使用壓抑來預防對人傷害的地方。

一個自由功利主義的社會可以在完全自主行為的權利之外使用許多不同類型的法律和成規，包含財產權、選舉權以及許多合理程序的權利。在這些情況下社會必須要能確認並且保障有關對人行為規章中（包括衍生的和本有的）的一切權益，而當事者可以有選擇的自由，無須擔心受到制裁。

除此之外，社會還可以不選用法律或者習俗來調節不涉及暴力或欺詐的活動，包含在市場合理的競爭，當放任政策的福利勝過了競爭者對其他競爭敵手所造成的傷害時。這樣的話，有些人在對己行爲的領域之外也能享受到隨心所欲的選擇自由。

然而彌爾《自由論》的目的並不在替我們描畫一個不受壓抑的世界，他沒有企圖爲壓抑寫下一個必要而充分的合理規範。更恰當地說，他是想要把我們的注意力集中在自主行爲的範圍之內，以及人人都應有的絕對自由的權利。個人的行爲只要不違反他人的意志，沒有給人有形的傷害，便充分地——雖然不是必然地——否認了一切壓抑的合法性。在自主行爲中，人人都有道德的權利做他隨心所欲的選擇。壓抑在這裡永遠不可能正當化。因此彌爾堅持，爲了促進人們自我意識的培育，每一個文明社會都應當承認並且保護這個不能有絲毫改變的自由精神。

即使它跟修正派錯誤的解讀分開了，他們太過簡單的攻擊好像又跟另一類的攻擊發生了糾纏，那便是，彌爾的自由原則太過激進、「太極端」。[2]要說預防傷害不能作爲干擾行動自由的唯一理由是一回事，但說不去尋找別的理由便是極端（相對溫和而言）而脫離了道德的信念，卻是另一回事。說到道德的信念，我們要問的是：什麼是彌爾在自由功利主義中提出來（至少是含蓄性的）道德理論？[3]

在這一方面，彌爾沒有絲毫的含糊，因爲他已清楚而急進地離開了社會的習俗，以及造成這些習俗的群衆的信仰。純粹自主行爲對他可以包括一切形態的婚外情，比方說，只要有適當的預先防備不違背他人的意志也不傷害他人（包括事件本身所產生的第三者）。這些事先的防備包括生育的控制、疾病的散布、安全地點和時間的選擇，以及不引起厭惡情緒的安排。有了這些預防，許多在別人眼中看來是令人不滿的行爲，也可以屬於自主的行爲了。這些行爲包含信仰無神論，服用鴉片、海洛因、可可因，以及類似的毒品，賭博，閱讀黃色書刊，和做猥褻的事。根據自由原則，個人只要不傷害他人，便有他道德的權利做他喜歡做的事。無需多言，這些權利已經遠遠超過了我們今天社會所能承認的範圍，對大多數人或者受害者來說，宗教和道德的觀念已經面臨了嚴重的危險。

還有，彌爾並沒有過分簡化他對自主行爲絕對自由的維護。相反地，爲了原則的實現，他小心翼翼地規劃了一個「清楚的界限」。他《自由論》第五章中的議論，簡潔中肯，也爲自由原則實際的應用提供了輔助的方向和教條。

輔助的教條

根據前面的討論，我們在本《導讀》第六章和第八章中談到彌爾主要的教條可以歸納爲下列數點：

1. 個人在消費和服務方面而無害於人的絕對自由，必須與放任政策下的生產和貿易行為清楚分開。
2. 個人的自由可以為了防範犯罪和意外而接受合法的限制，不僅僅在不能事前預知該行為是否自主而沒有傷人的意圖，也可以在特殊的個人狀況下一些自主的行為轉變而為對人有害的行為。
3. 個人的自由可以受到約束，如果他的對人行為是在公共場所中進行，而違反了善意和禮貌的合理規章。

4. 雖然在一般恰當的情況下，兜攬生意可以視為對己行為，但這個假定可以隨時失去效用，如果某種商品的生產和販賣不為社會所苟同（例如賭博或者通姦）。

5. 為了增加國家的歲收，社會給對己行為的消費徵收稅金是合法的，然而如果只是用來禁止或者干擾消費者的行動則不合法。

6. 作為一般的原則，社會可以適當地執行人們在彼此同意的自主行為中訂下的契約，除了某些例外，有如自願賣身的奴隸契約。為了保障自由和個人的權益，社會可以拒絕執行某種特定的任務。

7. 在道德權益之外，如果彼此同意，個人可以解除契約。一般的原則應當認同法律任務的解除，即使有違他人的意志，而這契約是在雙方自主行為中聯合制定的，也附帶聲明了完全的自由在這裡並不適用，因為違背他人的意志而解約，並不是自主的行為。

8. 自由原則並不授予個人或團體道德上的權利，去隨自己的意願而控制他人，包括丈夫對待妻子，政府官員對待民眾，或者父母對待子女。

9. 獨立於自由原則之外，一般原則可以用同一理由鼓勵個人和團體自動從事有益於眾人的事務，而不必完全依賴政府。

這些實際的教條說明了自由原則可以相當恰當地付諸實行，而不會與它簡單的理論有什麼衝突。有自由準則恰當的運用，才有邏輯上合理補充的可能。反之亦然。

禁止家長式的作風合理嗎？

人們對自由原則明顯的指責之一，是它家長式的作風（paternalism）不合理，因爲它干涉了個人自主行爲的自由。這種干涉唯一能成立的理由，是防止行爲者對自己直接的傷害，或者去做一件他不應該做的事，他的對己行爲對他人則並無傷害。嚴格說來，他的行爲其實對自己也沒有傷害。他只是希望給自己造成傷害，或者做一件讓別人不高興的事情。然而「傷害」是指違背自己的意志而得到的有形損失。家長作風在彌爾的眼中是壓抑的一種形式，目的是讓人得到更大的好處。但這種行爲攪亂了個人在對己行爲中隨心所欲的自由，讓人感覺別人比他自己更清楚事情的利弊。

在這種認識中，彌爾禁止家長式作風的主張有了混淆的現象，因爲在現有文獻的批判中出現了分歧的現象。[4]例如哈特便認爲，任何排斥經濟上的放任政策就是家長式的作風：

家長式的作風——一種違逆自己意願的保護——卻是完全符合邏輯的一個策略。然而，如果到了二十世紀的中期還需要堅持這種策略，看來有點奇怪了。自從彌爾的時代以後，放任政策日見鬆弛，這是社會歷史中極為尋常的事實，而家長式作風早已充斥在我們的法律之中了，不論是刑事的還是民事的。

（一九六三，頁三一至三二）

然而政府在市場中為了防止傷害他人，或者為了給人提供更多的福利而做的干擾，和為了讓人得到更好的選擇而做的壓制，事實上是不能混為一談的。例如，勸人不要吸毒，避免傷害；跟禁止汙染環境，或者購買毒品和「偽藥」而危害健康，顯然不是同一回事。同樣情形，干預人們自願的消費，和強制人們繳納稅金以促進社會服務的行為，亦不能相提並論。因為許多事情在私人團體的手中常會做得比政府更好。

彌爾實際上顯然更傾向於放任政策（除了某些例外），而他也不鼓勵政府無謂地擴展勢力。但他自主行為中絕對自由的原則，卻是獨立於這些觀念之外的。再者，哈特強調家長式的作風在政府的施政中大為流行，也混淆了彌爾的立場。無怪乎他會說，「彌爾對家長式作風不厭其煩地提出抗議，讓我們感到不可思議」（同上，頁三二）。

從彌爾的觀點看，費恩保對家長作風的處理也同樣令人不解。他承認如果在自我行為的領域中並無危害他人的地方，談論家長作風根本便沒有必要：「一切『家長式的』約束，在這種情況中，可以視為對人必要的保護，而不是約束，因此也不能說是（完全的）家長作風」（一九八四至一九八八，Vol.3，頁二二）。在他的思想中，這種領域顯然包含了不喪失他人利益的行為，或者造成他人的不滿，也就是說，冒犯了他人道德的權限。他也承認個人不能因為自己蓄意的行為而傷害自己，因為蓄意的傷害不是傷害（同上，頁一〇至一一）。既然不譴責對己行為的干擾，他還是給了家長作風一個新的定義，亦即，把傷害解釋為自願的或以其他方式產生的「利益喪失的行為」（同上，頁一一）。不過這個新的定義不僅牴觸了彌爾廣義的傷害，跟他自己修正派傷害預防的觀念也不相符合。這兩種觀念都排除了傷害或者自己願意的利益損失。費恩保遊走不定的策略倒是讓家長作風的行爲者取得了合法的意味，亦即是，他的關懷有防範對己利益損失的可能，即使這個假想中的受害者不一定知道什麼是他的利益，或者是誰眼中看見的利益。

再者，儘管他自認爲是反對家長作風的人，費恩保一如哈特，作爲彌爾思想的學者，看來卻常常被家長作風所吸引。部分的理由可能是他把家長作風當作具有公衆利益的動機（同上，頁一七至一八）。在純粹爲自己利益行爲中受到非利益的干擾時，通常都算是非家長式的行爲，在純粹道德觀念中屬於「另一類的推理」（alternative rationale），也就是說，這種行爲可能有不道德的性質，不論它的後果是什麼。

在這同時，費恩保似乎相信對違反他人意志所造成直接傷害行爲的干擾，可以在防範傷害或者憤懣的前提下得到合理化。他似乎是說，禁止使用毒品有如鴉片、海洛因和大麻，都可以合理化，假如使用者的數目太過龐大（同上，頁一七至二三）。

柔性的（反）家長作風

彌爾想禁止的家長作風好像跟我們日常聽到的「柔性的」或者「淡薄的」家長作風有點相似。費恩保所說較爲溫和的家長作風（同上，頁一四至一五），意思是要肯定一個有普通常識的人應當明白他行爲的後果，而足夠讓他的行爲歸類爲最低限度理性的人所能做的自由選擇。

顯然，不同標準的理性選擇會導向不同的思路。假如我們使用嚴格的標準，它只能若即若離地指向眞正（「強硬的」或者「堅固的」）家長作風。然而彌爾心中所想的，顯然是一個淡薄的標準，當任何一個有普通常識的人都知道行爲的後果時，比較聰敏的人卻會在行動前做一番考慮。雖然這只是一種猜測，但肯定會讓行動者在事先減少許多麻煩。

既然一個人已經得到了應有的資訊，別人遂不宜再干涉他自主行爲的選擇。例如跨越一座危橋，或者使用某種毒品，這人會有意給自己傷害嗎？如果人們在沒有他的同意前警告他過橋的危險，或者張貼警告的標示，人們只是相信他有此意圖，卻沒有干擾他的自由。再者，自由是指隨心所欲的行動。沒有人會想掉進河裡去，或者讓毒藥給他製造痛苦。既然如此，這裡對自由便沒有干擾可言。況且爲了防止非企圖性的自我傷害，這些干擾也的確有預防的效果。與其說這是對人自由的干擾，毋寧說是違背他人的意志以求避免有形的傷害。[5]

當然，從另一方面說，如果某人沒有最低限度的理性，那麼家長作風的使用便可以正當化了，因爲這裡不再是接受自由原則的地方。我們永遠無法肯定一個小孩、瘋子或者野蠻人會懂得他們行爲的後果。因此旁人爲了他們的福利著想，應當爲他們負起責任，並且如果可能的話，還得幫助他們設法增長智慧和感受的能量。約束在這裡是完全正當的，因爲這些行爲者並不知道什麼是他們希望中最低理性的標準。

合理的自由主義應當有強硬的家長作風嗎？

儘管有上面的指示，彌爾對家長作風的反對依然不夠清楚。大部分他所謂最低理性者的理論，從他自己的角度看，並沒有太大的意義。他用年齡的差異來做兒童和成人之間傷害的區分也充滿了疑問。[6]

同樣問題也出現於他對各種間接性「公衆傷害」的態度上。例如駕車時繫上安全帶，和騎摩托車時戴上安全帽的強制規定，他認爲都是爲了意外傷害的預防，可以減輕醫療和健康的耗費，因爲這些負擔終極都會落在納稅人或者保險公司客戶的頭上。費恩保似乎很滿意這種抑制的理論，他甚至把一般人情緒上的傷害（「心靈的負擔」）也劃入了這個有如預防車禍一樣的範圍（一九八四至一九八八，Vol.3，頁一三四至一四二）。但不論他們怎麼說，其實私家保險公司早已在原則上做了妥善的安排，讓不同性質的消費者依照他們選購的項目而付出不同的保險費用。

至於那些沒有購買保險，或者所買保險項目不夠齊全的人，當車禍發生時，尤其如果他不是蓄意的肇事人而是無辜的受害者，慈善機構往往會出面給他幫助。還有，在一個富裕的現代工業社會中，一般公營事業常常會設置規模龐大的公共健康服務站，用法律的權力照顧公民，包括沒有繫上安全帶和戴上安全帽的人。然而我們不能因爲社會有慈善的健康措施，便認爲家長式的管制（不同於教育、輔導等等行爲）便能把照顧民衆安全的代價減輕。

不過家長式作風中的一個理論曾經引起人們極大的興趣，這理論彌爾自己也默認了。那便是假如一個具有最低理性程度的人選擇變成奴隸，而彌爾要求法律不執行這個契約，看來便是他反對家長作風的一個例外了。費恩保同意大多數人的意見，相信這個自願爲奴隸問題的「解決」，「是一種家長式作風精神」的貫徹（同上，頁七二）。費恩保還建議說，自由主義者應該在基本上容忍奴隸契約，假如雙方在自願的基礎上得到了共識（同上，頁七一至七九）。唯一可以合理干涉這種契約的理由，是對契約中共識方面的不信任，或者全盤接受了彌爾觀念中所介紹的家長作風（同上，頁七九至八一）。

不過我在第六章中說過，一如田清流（Ten，一九八〇，頁一一八至一一九）的建議，彌爾在奴隸問題上的考量好像並沒有跟他的家長作風有所衝突。重要的一點是，假如自願爲奴的事實可以接受，社會也爲自己製造的一個眞正的難題：做奴隸有違背他人的意志而受到傷害的地方嗎？這個問題恐怕不是奴隸的主人所能解答的。沒有一個禁止「非自願性」奴隸買賣的社會，可以承認有自願的這回事，因爲如果承認自願，便摧毀了一切非自願的可能性。既然非自願的奴隸是違背意志和有形傷害的一種形式，那麼社會便有合法的權威拒絕執行這項買賣的契約，以便預防對人傷害的危險。而且，由於這種傷害非比尋常，社會應當確保它的權威來制止這種行爲的發生。[7]

我們可以合理地說，任何彌爾自由原則下的社會都有合法的權威來拒絕執行奴隸的契約。賣身爲奴是放棄個人自主行爲自由（以及其他一切自由）權利的決定。但這個決定沒有完全自主的性質，沒有人能絕對自由地放棄他的權利，或者藉由某種因素跟人商討放棄自己的權利，例如用金錢一次付清給買主。事實上，在彌爾的思想中，這一類的選擇都是向社會權威挑戰。

這種解讀有可能會被誤解，把自由權利用來作爲壓抑權益人自主行爲的藉口，不讓他有機會造成他人的不滿或者痛苦。自由的權益其實是保護權益人不受到這種壓抑的。沒錯，奴隸願意永遠放棄他的自由，也就是他隨心所欲的自主行爲的選擇。然而他可以捨棄他的權利而不要求社會撤回他的契約，一如他可以事後恢復他的權利，如果社會沒有承認他自動棄權的行爲。

另外一種複雜的問題也可能在此產生，假如嚴重的自我傷害，包括死亡，確實判斷爲自主行爲或者與他人簽訂合約（包含醫生）所造成的結果。儘管洪博特（Humboldt）相信自由可以走向極端，彌爾似乎仍然不支持自殺的行爲，例如蓄意走上一座因安全問題而封閉的橋樑（V.5，頁二九四），即使有如他在〈宗教的功利〉（Utility of Religion）一文中所說，人們如果自認在漫長的生命中已經得到了夠多的快樂，既然「已經活夠了，願意開開心心躺下來接受永恆的安息」（一八七四，頁四二七）。再者，跟自願賣身爲奴的契約相比，他很可能也會反對安樂死（euthanasia）契約的安排。這種契約也是無法挽回的，同時也摧毀了隨後一切自我發展的可能。

有關支持自殺和嚴重自殘行爲的干預，以及不執行安樂死的契約，彌爾的意見是，任何一個有最低限度理性的人都不會自願做這樣的事：凡是這樣做的人，要不是被人慫恿，便是年紀太輕，太過沮喪，不清楚這種行爲會造成怎樣的後果。不過，也許正如費恩保所說，這個理論的前提未免太過強烈了（一九八四至一九八八，Vol.3，頁三四四至三七四）。如果一個有自主能力的人可以放棄生命而選擇死亡，我們進入了一個模糊地帶，因爲承認干預自願爲奴的理論形式並不存在於自殺和安樂死的條件中。在沒有人跟他溝通的情況下，一個奴隸事後決定不再爲奴，而假如他的契約仍然有效，他便受到了傷害。因此假如在沒有傷害他人危險的情況下，自殺和安樂死自由的道德權利看來是可以正當化的，而安樂死契約的執行（假如簽約各方都是有自主能力的人）也就算是恰當的了。

也許彌爾的追隨者可以接受這樣的自由觀念，而沒有太扭曲彌爾本人對此事的懷疑。他們的理由是，任何一個有最低限度理性的人如果做了悲劇性的選擇，那一定是因爲他無路可走，例如他已病入膏肓，沒有痊癒的希望。如此的話，自由原則在這人的身上已經失去了意義，而在理論上說，他也不再有任何自我發展的可能。

雖然這確是一個模糊的地帶，我們仍然可以相信彌爾反家長作風是合理而可以接受的，儘管有人像哈特和費恩保，認爲他太過極端，而把他自主行爲絕對自由的學說全部拋棄了。

自由原則能解答墮胎和巴菲特嬰兒問題嗎？

墮胎是一個困難的社會問題。[8]費恩保認爲墮胎（pro-choice，即：維護孕婦選擇的權利），至少在懷孕的前期可以合法化，因爲在修正派的眼中，如果胚胎在變成「人」而有自己的權利之前死亡，沒有人會受到傷害。他說，「一個不具人形的胚胎……沒有實際的權利可言，因此也沒有實際的傷害」（一九八四至一九八八，Vol.1，頁九六）。不錯，當胚胎變成人時，他才有所謂的權利。然而墮胎的行爲破壞了胎兒生長的過程，因此也就沒有個人利益的問題存在了：

> 胚胎在得到任何實際權利之前死亡……沒有傷害的事實。不具人形的胚胎既然沒有權利，也就無所謂傷害，因為它在「可能權利」成為事實之前便已死亡，而它的死亡也就不會給人造

成傷害。（同上）

費恩保承認他的意見很難打動那些相信人生從受孕開始的人，雖然他自己也覺得這個觀點「非常難於接受」（同上）。然而對大多數人來說，墮胎之所以成為難題是畫分人和未有人形的胚胎之間意見的分歧。畢竟，劃界的人和表示意見的人都各有自己的目的，誰也沒有替胎兒說話。

即使如此，墮胎的問題其實跟彌爾的自由原則並不相干。對那些人既然相信沒有直接的傷害，而傷害也不發生在有知覺的人身上，那麼墮胎便可歸類為自主的行為了。[9]然而這個議論只是一種藉口，即使胎兒並無權利，也沒有自己的意願，但它遲早會得到的。因此摧毀胎兒，從「一般的經驗」上看，牽涉到了違反他人意志而給他有形傷害的危險。這裡的危險，指的是胎兒會發展成為一個獨立的人的可能性，因此摧毀胎兒是對人有害的行為，縱然他還沒有知覺，也沒有自己的意見。這樣說來，墮胎的問題便應當放在自由原則之外了。

社會有清楚的法定權力控制墮胎。即使一般的處理比較傾向於放任政策（即 pro-choice，維護孕婦的權利），而這個政策也必須和墮胎自由的道德權利明確地分開。理由之一是，在沒有法定或習俗的規範前，孕婦並不可以照她自己的意思自由選擇。她應當依循她內心的指示，在她特有的情況下做一個對她最為有利的選擇。如果嬰兒有很高被人收養的機會，而孕婦仍然決定墮胎，可能便有不尋常的理由了，例如強姦、亂倫或者妊娠會給她帶來危險等等。

第二個理由不能把自由原則跟放任政策混爲一談，是後者（不像前者）可以容許例外的情形。合法的墮胎有時可以被權宜地否決，例如未成年的孕婦沒有告知、或者得到家長的同意，再不然懷孕已進入第三階段，前面所說一切墮胎的理由都不適用了。

在這同時，執行墮胎業務的商家也應當接受法律的要求，恰當地公布手術危險性的警告，提供輔導和有關其他選擇的資訊，並確定墮胎的決定都經過了審慎的考量，沒有任何的強迫和欺騙。

巴菲特嬰兒問題

正如道德所維護的墮胎政策不是自由原則所能過問，這個所謂的「巴菲特嬰兒問題」（Parfit baby problem）也不能給這原則帶來更多的困擾。[10]這個問題是這樣產生的，一個婦人不顧醫生的警告，還是讓自己懷孕了。醫生說她的懷孕會使嬰兒受到永久性的傷害，而痛苦一生。由於她生理上的疾病，她的孩子會畸形發展，例如，可能有萎縮的雙臂和雙腿。不過這位母親還是認爲，比起沒有孩子和孩子的傷害來，傷害並不是最嚴重的一部分。

這是一個「令人困擾」的問題，費恩保說，因爲母親如果不懷孕而把旁人的利益放在「一個可能更糟的情況中」時，她的生育並沒有傷害任何人（同上，Vol.4，頁二六）。特別是，雖然父母的行爲應當受到譴責，但殘障的嬰兒在修正派人士的觀念中並沒有受到傷害，因爲（假定來說）他可能會更糟糕如果他根本不存在。費恩保承認，如果父母可以任性做出像這樣太過違背人們感受的行爲，他幾乎要放棄他「大膽自由」的信念，而接受以純粹道德觀念（pure moralism）爲基礎的干預了（同上，頁三二四，三二六至三二八）。

不過這個案例在彌爾的學說中卻不是問題。從一個人的行爲造成另一個人的存在不能算是自主的行爲，即使交配是成年男女雙方同意的事，即使他們事前知道他們生下的孩子不一定會有嚴重而永久性的殘障。任何人（不論有多正常和健康），在一生中都會遭遇到無數有違自己意志的危險和傷害。他的生存便是這樣一種危險和傷害的證明，也都應當隸屬於社會管轄權限之內。[11]

沒有人有道德的權利依照他或她自己的意願生育。當然，社會也有權宜的辦法管制生育，例如至少不讓兒女沒有合理的機會得到幸福，和避免生活中嚴重的傷害。我們在第六章中已經說過，彌爾不主張夫婦生育，假如他們的兒女沒有「最低限度合理的生存機會」（V.15，頁三○四）。而且在「人口過剩，或者有過剩危險」的國家裡，即使盡責和富裕的父母，在原則上，「雖然爲數極少」，也可以得到禁止生育的指令，因爲人口過剩的現象會傷害到勞動工人，造成他們應得工資逐漸的降低（同上）。

爲了促使人們盡到道德的責任，婚姻可以受到干預，如果男女雙方不能「證明有足夠的資源維持家庭的生計」（同上）。在有些狀況下，強制性的生育控制也是合理的，甚至有些苛刻的法令也可以使用，只要能夠保護不幸的子女和懲罰不負責任的父母，例如把小孩送給收養的家庭，或者罰款和強制勞動，作爲撫養子女的代價等等。

也許到了今天還有人認爲社會無權過問夫婦生兒育女的自由。但這種思考，從彌爾自由原則上看，是「用錯了地方」：

竟然沒有人能理解，把孩子帶到人間來而沒有適當的本領為他提供食物，教養他的身心，是一個道德上的犯罪；危害了不幸的兒女，也危害了社會；而父母如果不能盡到責任，社會則應當督促他們盡責，而且盡可能地讓他們負擔起教養子女的費用。

（V.12，頁三〇二）

自由學說的實行會造成革命嗎？

早在一八八〇年，麥肯濟（J. T. MacKenzie）談論彌爾的一席話好像別有用心。他堅信彌爾的學說已經滲透到了我們今天所謂商業社會的每一角落，而且蘊藏了「社會革命」的種子（見Pyle的複印本，一九九四，頁三九七至三九八）。這些學說如果付諸實行，社會將會發生許多變化，其中之一便是社會不再懲罰一切錯誤但對人無害的行爲。

從彌爾的觀點看，這裡所謂「錯誤但對人無害的行爲」是一個沒有根據的用語。雖然費恩保把這一類的行爲頗有趣味地分類爲假想的行爲（putative acts）（Feinberg，一九八四至一九八八，Vol.4，頁一九，Diagram 28-1），在彌爾的學說中卻沒有這樣的東西。純粹自主而於人無害的行爲是超越道德之外的。如果沒有逆人的意志，也沒有有形的傷害，便沒有不道德或者錯誤的行爲可言。事實上，在自主行爲的絕對自由中，人人都有一個道德的權利。任何干預自主行爲的形式都不合法，而且也會構成不正當的家長式作風。這樣的家長作風是隱藏性的，它會把自主行爲中單純的不滿意改頭換面，變成潛伏在社會中「非個人的」（impersonal）罪惡，因此別人也看不見任何有形的傷害。然而即使在這種典雅的語言掩飾下，它仍然是一個不正當的家長作風。【12】

彌爾簡單而激進的自由言論，消失在費恩保一片修正改造的陰雲下，取而代之的，是複雜、極端而晦澀的論調，有意無意地背離了今天在美國所能見到的法治文化。在辨別了他兩種於人無害的錯誤行爲（相對於他兩種不同意義的傷害）後，費恩保強調說，自由主義者必須使用壓抑來防止他稱之爲「無可抱怨的罪惡」（non-grievance evil），亦即要到事後才會讓人後悔的行動（或者不行動），但不能把它們作爲「個人的抱怨（personal grievances）的理由」，因爲沒有人受到傷害。無可抱怨的罪惡可分兩種：第一種「與福利無關」，雖然會間接影響個人的利益，卻不牽涉到利益的損失（有如巴菲特嬰兒的例子），或者也不牽涉因錯誤而導致的損失，因爲沒有人提出法律的訴訟。第二種是「非個人的」或「難於捉摸的」（free-floating）罪惡，跟誰的利益都不相干。

第一種罪惡，一般說來，涉及有形的傷害，雖然在彌爾的觀念中它不是傷害，因爲雙方在事前都已得到同意。第二種罪惡，對彌爾來說，也永遠不能成爲傷害。它至少有四種不同的形態：先天性不道德的罪惡、文化帶來的惡習、契約的濫用，例如用黑函榨取利益，和道德人品的敗壞。【13】

費恩保在他自己的自由主義中並不重視這些「無可抱怨」的罪惡，唯一的例外是前面有提過巴菲特嬰兒的問題。不過彌爾對這一問題也不關心，因爲它純粹屬於法律的範圍。至於其他種類的罪惡也並沒有引起彌爾太多的興趣。他把自由主義的重點全盤放在個人對自由價值的追求上。在他的觀念中，那些製造難於捉摸或者濫用契約造成損失的罪惡，不過是對人不滿或者憤懣時找來的藉口而已。

有意護衛傳統文化規範的人，比方說，常會把對他人言論或者生活的不滿改頭換面地變成一本正經的譴責，來阻擋社會罪惡的擴張，和鎮壓先天性不道德的行為。同樣情形，那些不喜歡看見霸氣十足或者有意自殘的人，會把話鋒扭轉成為對人合法的善意，以增進自己的利益，或者假借第三者的名義，阻擋別人在他身上獲利。至於那些想提升社會生活品質的人，也會把他們對人生活風格和信仰的厭惡改裝成為法律的禁忌。然而在這種種情況中，誰也不能指出有形的直接傷害，或者任何違反他個人自主行為的意志。

當然，情況會完全不同，假如這些所謂無可抱怨的罪惡事實上只是彌爾觀念中對人傷害的一種糖衣。假如一個完美主義者主張用強制的手段提升理性程度不高的人的品性，又假如這種強制早已用來預防對人的傷害，那麼，正如費恩保所說，完美主義在這裡「變成了多餘，或者一個邊緣的現象（epiphenomenon）」（Feinberg，一九八四至一九八八，Vol.4，頁二八七）。在這種情況中，傷害的預防是干預的理由，一如美德的提升只是事後意外的收穫。

這樣一來，彌爾可能會堅持對人行為的規則必須嚴格遵守，不僅為了防範逆人的意志而造成傷害，同時也鼓勵人們培養自己高尚的氣質，以便得到更理想的自由性格。這種論調並不假定抑制的本身能夠提高人們的氣質，也不保證抑制是最恰當的方法，假如傷害的事件並沒有真正發生。事實上，當防範個人對他人的傷害，或者懲罰他人犯下錯誤時，法律和社會的約束可能有助於他獲得較好氣質的機會，而讓他自動迴避了侵犯他人權利的行為，或者至少脫離了向人求助的窘狀。無需多言，干擾任何人純粹自主的行為是非法的事件。每一個人都應當為了自己的緣故，學習認識什麼樣的自主行為帶給他最大的幸福，而什麼樣的行為帶給他最多的痛苦。

進階閱讀建議

（第六章的閱讀建議也適用於本章。）

有關家長式的作風，見 C. L. Ten, *Mill on Liberty*（Oxford, Clarendon Press, 1980）, pp.109-23, Joel Feinberg, *The Moral Limits to the Criminal Law*, 4 vols（Oxford, Oxford University Press, 1984-8), Vol. 3;和 Rolf Sartorius, ed., *Individual Conduct and Social Norms*（Belmont, Wadsworth, 1975）。

有關錯誤的觀念，墮胎和安樂死的問題，見 Feinberg, *The Moral Limits to the Criminal Law*, Vol. 1, pp. 95-104; Vol. 3, Chapter 27；和 Vol. 4, pp. 27-33, 325-8; Feinberg, *Freedom and Fulfillment*（Princeton, Princeton University Press, 1993), Chapters 1-2, 8-12；以及 Ronald Dworkin, *Life's Dominion: An Argument About Abortion, Euthanasia, and Individual Freedom*（New York, Vintage Books, 1994）。有關巴菲特嬰兒的問題，見 Derek Parfit, 'On Doing the Best for Our Children', in M.D. Bayles, ed., *Ethics and Population*（Cambridge, Mass., Schenkman, 1976）。

有關費恩保「沒有傷害的錯誤行為」的討論，可以在 Feinberg, *The Moral Limits to the Criminal Law*, Vol. 4 中見到。

註 釋

第一章 彌爾和《自由論》

【1】班恩（Bain）指出，「約翰跟格羅特一樣，是個十足的希臘迷」（1882a, p.94）。詹姆士也有此同好。亦見 Clarke（一九六二，頁一〇五，一一五，一三四至一四九，一六八至一八六）。

【2】的確，格羅特在一八六六年說：「在我們認識的所有人中，詹姆士．彌爾先生是一位最接近柏拉圖辯證觀念的人……（在理性間能曲能伸），在哲學上能批評他人，也經得起被人批評。」（引自 Clarke，一九六二，頁二二）

【3】在這同時，彌爾也承認「許多見過我童年的人，……常常以爲我自大；那可能是因爲我喜歡辯論」。他顯然養成了一種愛跟大人頂嘴的「壞習慣」，因爲「超越我年齡程度而與成人的談話給我很大的興奮，但我從來沒有瞧不起他們的意思」。「至於有關這一切，我心中一無自大的觀念；我覺得我這樣做很好」（一八七三，頁三七）。

【4】另一具有爭議性的言論是，彌爾太受父親的影響，他甚至把自由和合理的社會適應也混爲一談，就像他早年接受教育時接受一切的規章一樣。在《自由論》中，「自由」並不意味是在公平合理的要求下一種自我的管理（self-government）或者自我的約束（self-discipline）。自由是指自然而不勉強的行動，符合個人的愉悅和需求，獨立於社會行爲的規則之外。這種意識下的自由，必須與日常習見的理性或道德的自治劃清界限。然而像道德自治（moral autonomy）這一類的字眼，卻從來不曾在

彌爾的著作中出現過。

【5】 彌爾在《自傳》中描寫了羅伯克（J. Roebuck，彌爾社交圈中的朋友）的個性來做比較。

【6】 邊沁哲學深入的討論，參閱 Hart（一九八二），Harrison（一九八五），Rosen（一九八三，一九九二，一九九六），以及 Kelly（一九九〇）。

【7】 彌爾自己承認他利用《倫敦評論》（London Review）作爲一種工具「在某種程度上是成功的」（一八七三，頁二二一）。但他的第二個企圖「想鼓動激進派的知識分子……並誘導他們組織一個強而有力的政黨，足以左右國內的政府」，則「只是一個永難實現的妄想」（同上，頁二二一至二二三）。

【8】 公理教會城南教堂（South Place Chapel）的牧師是福克斯（W.J. Fox）。他的著作大部分在一八三一年至一八三五年間登載於彌爾的《文庫月刊》（Monthly Repository）上。福克斯有一個不美滿的婚姻，曾與一位未婚女子艾麗莎・芙勞爾（Eliza Flower）同居。她也是哈麗葉閨中的密友。從一八三四年開始，他們的傳聞逐漸公開，但大多數的教友不同意他辭職，他遂繼續執行牧師的任務，直到一八五二年他成爲國會議員。愛麗莎是一個著名的作曲家，在一九四六年便去世。白朗寧（Robert Browning，一八一二至一八八九，英國詩人）也曾愛過她（她可能是他的名著〈Pauline〉一詩靈感的來源）。彌爾描寫她是「一個天才人物」（一八七三，頁一九五）。相關資料，參閱 Mineka（一九九四），頁一八八至一九六。

【9】 彌爾本人則爲這些蜚短流長的話頗感到氣惱。他不惜跟朋友例如奧斯丁兄弟和格羅特夫婦拉開距離，如果他們也捲入這些流言之中。他在一八三七年與格羅特夫婦反目成仇，爲的是哈麗葉・格羅

特（Harriet Grote）說了一些鬼祟的風涼話。（哈麗葉．格羅特雖智慧通達，卻好管閒事和自大。她也因同樣的理由跟 Molesworth 和 Roebuck 鬧翻過。）彌爾對喬治．格羅特（George Grote）在國會中作爲激進黨初期領袖的作風也表不滿，而喬治也不喜歡彌爾在《倫敦評論》中發表的言論。不過他們二人從一八四五年開始恢復了友誼。彌爾在自己妻子哈麗葉去世之後，對哈麗葉．格羅特也拋開了仇視的態度。事實上，彌爾對她還顯得相當友好，當他知道喬治在一八六二年至一八六八年間曾與蘇珊．杜朗（Susan Durant）有過一段婚外情，見 Clarke（一九六二），頁五五至一〇二。

【10】以一種不同的理由，克拉克認爲哈麗葉．格羅特之於喬治．格羅特，就像是阿施帕西亞之於培里克利斯（Clarke，一九六二，頁一二四）。

【11】有關這一點的討論，見 Himmelfarb（一九七四），頁三六至五六。

【12】我們必須注意，哈特、費恩保，甚至田清流，在重要的關鍵上都離開了他們對彌爾所認識的單純自由主義的觀念。

【13】有時給彌爾的評語顯得過分荒謬，讓人很難不相信是故意的扭曲。無論如何，他自己也說，他自己也分不清何者是不公平的討論，何者是誠實的錯誤（II.44，頁二五八至二五九）。

【14】我們需要了解，當彌爾在世時，大多數英國（美國也不例外）的大學教授也多是教堂的牧師，而當時任何想防止高等教育受到宗教影響的努力，都被保守派人士視爲傳統道德價值淪喪和文化衰退的證明。一八三四年彌爾便曾稱牛津和劍橋是「騙子大學」（imposter-universities），而隨後當他的《邏輯系統》和《政治經濟學原理》成爲大學課程項目後，也遭到許多嚴峻的攻擊。至於格羅特，爲了想在大學學院（University College）執教，雖然該校可能是第一所在教會的控制下謀求獨立的

大學（一八二八年創建於倫敦），也經歷了一番艱辛的抗爭。詳情見 Clarke（一九六二），Chapter 7。

【15】李斯（Rees，一九五六）所列書目是彌爾在世時實際的評論，幾乎都是敵對的意見。派爾（Pyle，一九九四）所收資料出現於一八五九年至一八八三年間，雖然也充滿敵意，卻溫和多了。

【16】摩理（John Morley，一八三八至一九二三，英國自由主義政治哲學家）和史蒂芬（Fitzjames Stephen，一八二九至一八九四，英國律師）之間的交鋒，頗像哈特（Hart，一九六三）和德弗林（Devlin，一九六五）著名的辯論，都揭起了同樣的軒然大波。

【17】艾森納葛（E. Eisennach，一九九五）開出了另一批彌爾門徒的名單。不過假如史蒂芬也能稱爲「門徒」，我們將無法界定什麼是敵人了。但即使朋友像班恩和格羅特，他們雖也是詹姆士・彌爾的好友，卻沒有心悅誠服地接受約翰的新激進思想，而只是局部性地贊同他若干細節而已。這並非否定《自由論》曾經影響到宗教思想家有如帕迪森（Mark Pattison，一八一三至一八八四，英國宗教家），慫恿了他們批判教堂既有的成規，或者刺激了他們對教會歷史發展的新興趣。不過當然，有關此事，牛津運動的領袖們包括帕迪森、紐曼（John Henry Newman，一八〇一至一八九〇，牧師），和普希（Edward Pusey，一八〇〇至一八八二，牧師，牛津大學教授）等人早已有言在先了（見，例如，Mill，一八四二）。廣泛而言，如果新宗教和道德理想主義出現在格林（T.H. Green，一八三六至一八八二，政治改革家）、布萊德雷（F.H. Bradley，一八四六至一九二四，理想主義思想家），和博桑克（B. Bosanquet，一八四八至一九二三，英國政治哲學家）諸人的手中，恐怕會顯得更加自由，即使沒有彌爾的影響。把理想主義視爲與彌爾的新功利自由主義相似或者有相沿的歷

史淵源，其實是錯誤的。更多的討論見 Riley（forthcoming b），Chapter 3。

【18】有關辛美法格和考琳的瑕疵，見李斯（Rees，一九八五，頁一〇六至一一五，一二五至一三六），和田清流（Ten，一九八〇，頁一四四至一七三）。至於韓伯格的批評，我將在下面第七章中給予說明。

第二章《自由論》／〈導論〉

【1】這種自由觀念是由麥迪森（James Madison，美國第四任總統），漢密爾頓（Alexander Hamilton，美國政治家）和約翰・傑（John Jay，美國法學家）於一七八七至一七八八年間寫定，其目的在促使紐約公民支持美國憲法的公布。

【2】在美國憲法補充條文中，民意團體可以合法修改有關權利的項目而政府不得干預。超大型的黨團（supermajorities）也有絕對的權力修改甚至廢除憲法中涉及言論、宗教自由一類的特權。這些民意決案一旦成立，原則上會在法庭上生效，因此民眾的言論將不受法律的（有異於道德的）約制，縱然這些約制也存在於民眾或者他們所選出代表的身上。

【3】此一觀點亦見 Hamburger（一九六五），p. 103, n. 62，和 p. 262, n. 47。一般而言，彌爾和其他「哲學思想上的激進派」於一八三〇年代企圖在英國建立一個新政黨的失敗，至少部分理由是由於民眾漠不關心，而他們卻歸咎於中產階級對商業的執著。Hamburger 描寫這次激進派政治的運動是一場「理論家的空談」，不知妥協，滿腦子爲民服務的大話，卻不知道這種觀念完全不是當時民眾的需求，因此撲了一場空。認眞的觀察家應當會發現，他們的失敗是由於民眾缺乏教育，不能欣賞這些

時代中遙遙領先的自由改革。

【4】 我指的是維吉尼亞州宗教自由的法令（傑佛遜總統草擬於一七七七年，於一七八六年付諸實行），和麥迪森的《抗議宗教的評論》（寫於一七八五年，用來支持傑佛遜宗教自由法令的推行），以及美國憲法第一條修正案。相關資料見 Buckley（一九七七）和 Peterson and Vaughan（一九八八）。

第三章 《自由論》／〈論思想和傳遞思想的自由〉

【1】 彌爾所描畫的奧利略皇帝（Aurelius）好像很影響了 Mathew Arnold（一八二二至一八八八，英國詩人，批評家）和 Walter Pater（一八三九至一八九四，英國評論家）等人。參考文獻見第四章進階閱讀建議。

【2】 彌爾在本章稍後處指出，基督自己便曾宣揚過一種令人驚異但可惜不完整的道德觀（II.37-8，頁二五四至二五七），然而基督教後來卻走上一條不同的道路，絕大部分反映了當時社會現有的習俗。在一個以商業爲主的文化中，所謂的基督教義已經跟工作規範結合在一起，一如馬克思和韋伯（M. Weber，一八六四至一九二〇，德國社會學家）所言。

【3】 維多利亞時代許多作家都曾申言，早期的基督教被天主教以及／或者新教的發展所破壞。例如紐曼和普希所倡導的「牛津運動」便是一個代表。見 Mill（一八四二）以及 Nockles（一九九四）。相似的情況也出現在文藝復興時期，例如 Machiavelli（一四六九至一五二七，義大利哲學家）、Guicciardini（一四八三至一五四〇，義大利史學家）、Paruta（一五四〇至一五九八，威尼斯政治家）和 Sarpi（修道士，生平不詳）都認爲高度集權的羅馬教會用帝國主義的教皇姿態控制了宗教，破壞了

教堂精神，也給弗洛林斯（Florence）和威尼斯（Venice）共和國帶來了威脅。相關討論見 Bouwsma（一九六八）。

【4】彌爾相信基督「可能是世上最偉大的一個道德改革家，也爲他的使命犧牲了生命」，是一個「卓具才華的奇才」，他「不把自己視為神，他從來便不曾做過最小的暗示，認為自己與神有任何關係，他也會相信這種僭越就是褻瀆神靈——而他身上攜帶的，卻是一個奉獻給神的特殊任務，帶領人類求取真理和善良。」（一八七四，頁四八八）還有，「我們不能說宗教做了一個不良的選擇，把此人推崇為最高理想的代表，讓他來領導群倫；而且，即使在今天，即使對一個非信徒而言，與其把抽象的善良轉換成為具體的實踐，還不如好好地生活，讓基督來肯定我們的生命。」（同上；亦參考頁四二一至四二二）這樣說來，功利主義的「人道宗教」（religion of humanity）肯定會把基督的言行蒐集成爲箴言。更多的資訊，有關人道宗教和他對神聖造物者合理的「懷疑」（scepticism），或不可知論（agnosticism），見 Mill（一八七四）。

【5】這種在自私人群中出現的隔離現象，通常可說是政治自由主義造成的結果，不能歸罪於基督教的道德觀。

【6】即使當時沒有必要，今天彌爾對基督教被動式的認定需要有個交代。比方說，馬丁路德・金恩（Martin Luther King）把在甘地（Gandhi）思想中發現的「被動式抵抗」（passive resistance）運用在美國種族反抗隔離奮鬥的運動中。又如許多基督徒呼籲對胎兒或者絕症患者法律的保護，也是相信有些權益不能輕易放棄。

【7】彌爾所堅持基督教完整的道德觀必須結合異教成分的思想，在維多利亞和文藝復興時期的作家中亦

不少見，他們大部分擁護培里克利斯的雅典、古代的羅馬，還有基督的教訓。彌爾在下一章會再回到這個話題。

第四章 《自由論》／〈論個人意識作爲幸福的要素〉

【1】雖然彌爾只單挑了洪博特一人，他可能也會想到德國許多其他「多方面」和全德的哲人，他們的成就在把人類的智慧和力量廣泛而和諧地融爲一體。例如歌德曾說，「假如人能集中全副的精力，他可以成就不能預料也無與倫比的事業。古人之不可及，尤其是希臘黃金時代的光彩，便是在此」（一九九四，頁一〇〇至一〇一）。

【2】「牧師式」的概念可能代表一種有如大學的制度，由政府從稅收中資助，而教職員的任命和期限則由他們自己的表現來決定。

第五章 《自由論》／〈論社會權威對個人的限度〉

【1】正如哈特（Hart，一九六三，頁七六至七七）所言，彌爾不重視自主行爲中對人無心所犯的過錯，但自然懲罰也不等於就是道德的責難或者懲罰。社會輿論是公衆責難的一種形式，卻不能合法地施於行爲者的身上，因爲這種行爲並沒有傷害到他人。

【2】休謨對自然和人爲美德及罪惡的辨別，見 Hume（一九七八），頁二九四至二九八，四七四至四七五，四七七至六二一和 Hume（一九七五）頁一六九至二八四，三〇三至三一一。

【3】注意他曾述及思想和意見有足夠構成不道德的地方（II.11，頁二三四）。

【4】這種因爲誘因當前而改變合約的情況，如果讓人（包含職員自己）取得更高的收入，便是一個典型的例子，在遊戲原理中稱爲「囚犯的困境」（Prisoners' Dilemma）。（「囚犯的困境」一名來自一九八八年 Richard Powers 同名的小說，描寫實際生活處於進退兩難的困境時，如何用數學的頭腦尋找和平相處的機會。）

第六章　《自由論》／〈自由學說的運用〉

【1】政府法令上權益功能的解說，見Mill（一八七一），頁七九七至九七一。

【2】我們應當記得，假如一種商品只有危害他人的用途，社會可以合法地全面禁止它的生產。

【3】「不管我們怎樣詮釋或者了解權力的概念」，彌爾在《代議政治論》中說，「無人能把權力（除了純粹的法律）凌駕於他人之上：這種力量雖然可以被擁有，在它最有代表性的意義中，卻只是一種道德的信託」（1861a, p. 488）。商品的特權許可，比方說，也是道德的信託，一如律師或者政府當局給父母子女的監護權。彌爾「內在十分不同的」兩種權力，也就是，「控制他人的欲望」，和「無意使用力量來約束（自己）」，見同上（頁四二〇）。

【4】彌爾（1869b）對此有深入的探討。

【5】進一步的討論，有關理想民主制度的設定，見彌爾《代議政府論》（1861a）。

【6】一個可能的理由是，這個利益分配不公平，而第三者在比較其他人的分配時，嫌他的利益太小。雖然並無顯然的不利，但這不公平的分配可以視爲一種傷害，因此應有社會的管制。不過雖然傷害的觀念在這裡略有不同，根據彌爾的意見，放任政策的使用不應當受到影響。

【7】彌爾顯然不同意傳統的行爲功利主義的推理，這是衆多例證中的一個。見一八六二年一月十日彌爾致格羅特的信件，Mill（一八六二）。

【8】有關此點進一步的討論，見Taylor（一九八二，一九八七）。

第七章　自由主義的功利主義

【1】田清流顯然曾被修正派非官方而託名爲彌爾的「功利主義」版本所吸引，不過他相信把它當作「非功利」的詮釋比較妥當（Ten，一九九一，頁二三六至二三七）。他的謹慎是可以理解的。

【2】不錯，某種社會傳統（例如對前途抱以希望的社會）可能會讓自利的公民預測和依賴彼此的行爲。行動功利主義當預測下一步的行動時，便有可能這樣做。但它卻不可能給自己作此推薦，更不用說給我們推薦了。

【3】有關各種不能盡責防止傷害的法規，見Feinberg（一九八四至一九八八）Vol.1, pp.126-86）。不過費恩保所認爲的利益傷害，卻是權利上的損失，在觀念上與彌爾大不相同。

【4】與此相反，田清流相信，由於彌爾的「功利主義被誤解爲獨立的分配原則」，因此他反對「一個不受約束而擴張防止傷害的政策」（Ten，一九八〇，頁六四至六五）。

第八章　自由、個人意識和傳統

【1】既然他對意志力量（power of will）選擇了道德因果論（moral causationism），亦即決定論（determinism），彌爾認爲環境（包含意志的力量）可以決定個人的品性也就不足爲奇了。一般說來，

他認同休謨的思想，認為宇宙因果（universal causation）的原理能夠切合我們道德自由的實際感受，也就是說，只要我們願意，我們便有力量改變自己的環境。見 Mill（1843a, pp. 836-43）；和（一八六五，頁四三七至四六九）。

【2】在相似的性質中，柏拉圖曾經臆測過，在一個全是哲學家的理想城市裡，沒有人願意自找麻煩來擔任行政上的任務，而寧願聽候更為智慧之人的議論和命令。

【3】費恩保得到了相同的結論。不過他相信，在他對傷害的重新認識中，如果並無涉及對人的傷害，那麼此一類型的案件便不能用彌爾的學說來處理。見 Feinberg（一九八四至一九八八），Vol.2，頁八六至九六，一六二至一六四。

【4】的確，彌爾似乎在建議社會應該使用極少的壓制，即使是公眾辯論的形式（II.44，頁二五八—二五九）。不過他的話也許並不針對可能引起公憤的公開活動，例如遊行、示威。在這同時，我們幾乎沒有懷疑他會支持形式上的約束，有如公然販賣「淫穢書刊」一類的色情商品，讓它們落入兒童手中。

第九章 《自由論》的實踐

【1】我說「不恰當的重新命名」是因為這個傷害原則，並非這些學者所認為的制裁必要條件。它不過是眾多理由中的一個理由，也絕不是充分的條件，一如彌爾所想。

【2】例如 Feinberg（一九八四至一九八八）解釋「太過極端的自由主義」，認為防止對人的傷害是法律制裁的唯一理由。彌爾的自由主義因此被歸類為極端，除非他的傷害定義跟費恩保有顯著的不同。

【3】費恩保對他的道德理論始終沒有明白表態（Feinberg，一九八四至一九八八），Vol.1，頁六至七，一四至一九，二五至二六。

【4】部分分歧的定義，見Feinberg（一九八四至一九八八），Vol.3，頁三至二六。

【5】有關柔性或淡薄的（反）家長作風，見Ten（一九八〇，頁一〇九至一一七）；和Feinberg（一九八四至一九八八），Vol.3，頁一二至一六，九八至三四三。在衛護這種觀念中，費恩保言及自願選擇（voluntary choice）的標準相對於最低限度的理性選擇（minimally rational choice）。我沒有採用這些用語，因爲自願的選擇不一定能配合最低理性的標準。否則的話，假如我們說有些人（例如兒童或瘋人）做了非自願的選擇時，我們將無法給他們任何的約束，因爲這裡根本就沒有約束的餘地。然而約束是彌爾家長作風觀念中不可缺少的要素。

【6】一個具有破壞力量的批評，見Ten（一九八〇），頁一一九至一二三。

【7】田清流認爲，「假如一個奴隸契約可以有續約的機會，也在沒有奴隸的同意下說明了奴隸需要遵守的條件，這個契約還是可以執行的」（Ten，一九八〇，頁一一九）。也許如此吧。然而，像這樣一種人際之間的服務契約，已經不再是奴隸買賣的契約了，它的的取消或者廢止完全由奴隸的主人自己一人決定（雖然他並沒有把奴隸賣給別人，包括奴隸自己，除非他願意如此做）。

【8】美國一切有關墮胎行爲的辯論，多以最高法院於一九七三年公布的Roe vs. Wade案件爲基準。有關文獻見Dworkin（一九九四）。

【9】彌爾的傷害觀念沒有必要限制在有形的傷害，和違背他人意志的範圍之內。它可以，也應該包容一切的傷害，包含個人對自己蓄意的傷殘。像這樣的擴充將會縮小絕對自由中自主行爲的範圍。即使

如此，放任政策仍然是一個可以備用的選擇。一般權宜的處置常常也會影響到其他社會的約制，例如對動物的保護。

【10】巴菲特嬰兒問題的討論，見 Feinberg（一九八四至一九八八），Vol.1，頁九五至一〇四；Vol.4，頁二六至三三，三二五至三二八。

【11】任何人在他的一生中都會面臨到彌爾觀念中所說傷害的危險。因此在現實生活中是否會有更多的傷害，例如自己根本就不存在（non-existence）的可能性，或者遭遇到悲慘的命運，那便是不相干的題外話了。

【12】有關修正派自由主義者拒絕接受彌爾的純粹道德觀就是一種家長作風式的觀念，見 Feinberg（一九八四至一九八八），Vol.4，頁七至八。

【13】有關各種不同「無可抱怨的罪惡」，見 Feinberg（一九八四至一九八八），Vol.4，頁三九至三一七。

經典哲學名著導讀 010

1BAK
彌爾與《自由論》
Mill on Liberty

作者　強納森・萊利(Jonathan Riley)
譯者　周春塘
發行人　楊榮川
總編輯　王翠華
主編　陳姿穎
責任編輯　邱紫綾
封面設計　童安安
出 版 者　五南圖書出版股份有限公司
地址：106台北市大安區和平東路二段339號4樓
電話：(02)2705-5066
傳真：(02)2706-6100
網址：http://www.wunan.com.tw
電子郵件：wunan@wunan.com.tw
劃撥帳號：01068953
法律顧問　林勝安律師事務所　林勝安律師
出版日期　2013年12月初版一刷
定價　新臺幣320元

國家圖書館出版品預行編目資料

彌爾與自由論 / 強納森・萊利著 ; 周春塘譯.
－－初版. －－臺北市：五南, 2013.12
面； 公分.--(經典哲學名著導讀；10)
譯自 : Mill on liberty
ISBN 978-957-11-7242-2(平裝)
1.彌爾(Mill, John Stuart, 1806-1873)
2.學術思想　3.自由
571.94　102014905